Irene Claremont de Castillejo:
Die Töchter der Penelope
Elemente des Weiblichen

Aus dem Englischen von
Ute Evertz

Deutscher
Taschenbuch
Verlag

Ungekürzte Ausgabe
Oktober 1993
Deutscher Taschenbuch Verlag GmbH & Co. KG, München
© 1973 C. G. Jung Foundation for Analytical Psychology
Titel der englischen Originalausgabe:
Knowing Woman – A Feminine Psychology
Hodder and Stoughton Limited, London 1973
© der deutschsprachigen Ausgabe:
1979 Walter-Verlag AG, Olten
ISBN 3-530-12941-0
Umschlaggestaltung: Boris Sokolow
Gesamtherstellung: C. H. Beck'sche Buchdruckerei, Nördlingen
Prinded in Germany · ISBN 3-423-35068-7

Inhalt

Vorwort 7
Begegnungen 9
Verantwortung und Schatten 25
Der Mann und Held 37
Frauenrollen – Die Frau als Mittlerin 44
Animus – Freund oder Feind? 61
Der zweite Apfel 77
Brücken 84
Über die Liebe 99
Der Regenmacher 115
Die ältere Frau 132
Das Seelenbild der Frau 149

Namenregister 165

Vorwort

Ich schildere in diesem Buch meine Erfahrungen mit der Psychologie der Frau in der heutigen Zeit. Zwanzig Jahre Arbeit als Analytikerin mit der Psychologie C. G. Jungs sind mir dabei zugute gekommen.

Sicherlich beschreibe ich dabei auch mich selbst. Mich haben die Dinge beschäftigt, die Frauen bewegen, das Scheitern von Ehen, Mißverständnisse zwischen Menschen im allgemeinen und zwischen Männern und Frauen im besonderen. Ich wollte die Psychologie von ganz verschiedenen Frauen verfolgen und ihre Wirkungen auf den Mann.

Schließlich wollte ich etwas über unsere persönliche und kollektive Verantwortung für die Gesellschaft, in der wir leben, wissen.

Die heutige Frau ist mit einigen unvorhergesehenen Konsequenzen ihrer frischerworbenen Gleichheit mit den Männern konfrontiert.

Irene Claremont de Castillejo

Begegnungen

Neulich stellte mir ein Freund eine Frage, die mich nachdenklich stimmte: »Ist dein Beruf anstrengend, den ganzen Tag lang zuhören und mit Menschen reden?« Ich antwortete leichthin: »Manchmal sehr anstrengend, manchmal gar nicht.«

Dann wurde ich neugierig, wovon Ermüdung wohl abhängt. Gewiß nicht von der Intensität meines persönlichen Einsatzes, eher schien es sich umgekehrt zu verhalten. Ich ermüde weit weniger, wenn ich viel zu einem Gespräch beitrage, und ich bin oft erschöpft, wenn ich passiv zuhöre.

Ich überdachte Gespräche mit anderen, auch außerhalb der therapeutischen Situation, und ich verstand allmählich, daß die Frage nicht lautet, Ermüdung oder keine Ermüdung, sondern Ermüdung oder Erquickung.

Und plötzlich war mir die Sache so klar und deutlich, daß ich kaum begreifen konnte, warum ich den Zusammenhang nicht längst gesehen hatte. Wir ermüden nur im Gespräch mit anderen, wenn wir ihnen nicht begegnen, wenn einer der Partner oder beide sich hinter einer Maske verstecken.

Bei seltenen Gelegenheiten, wenn wir das Glück haben, jemandem zu begegnen, ist keinerlei Ermüdung spürbar. Beide sind erfrischt und belebt, und es ist etwas geschehen. Es ist, als ob sich eine Tür öffnet und das Leben neue Bedeutung gewinnt.

Warum kommt es so selten zu Begegnungen? Seltsamerweise verbringen wir unser Leben damit, anderen Menschen nicht zu begegnen. Wir haben ständig mit anderen zu tun, im Bus, im Laden, bei der Arbeit und im Spiel; und es kann sein, daß wir tagelang, wochenlang, monatelang nicht einem Menschen so begegnen, daß es zwischen beiden zu schwingen beginnt. Nichts tut sich dann.

Nach den Geschäften des Tages gehen wir zu unseren Familien heim, oft reiben wir uns dort aneinander und begegnen uns nicht, ohne daß jemand das bemerkt.

Begegnungen finden natürlich auf verschiedenen Ebenen statt. Es gibt körperliche Begegnungen und seelische, Begegnungen im Bereich des Intellekts und in der Gemeinsamkeit des täglichen

Lebens und Arbeitens miteinander. Begegnungen können hinsichtlich ihrer Nähe, Dauer und Intensität unendlich abgestuft sein, auf einer Ebene allein oder auf allen zugleich. Körperliche Nähe und gedanklicher Austausch allein sind noch keine Begegnung. Ehepaare leben oft über Jahre in enger Intimität und begegnen sich doch nicht. Jeder ist in seine eigene Isolierung verstrickt.

Für das Zustandekommen einer Begegnung bedarf es offenbar eines anderen, dritten Elements. Man kann es Liebe oder den Heiligen Geist nennen. Die Jungianer sprechen von der »Gegenwart des Selbst«. Wenn dieses »andere« anwesend ist, kann eine Begegnung kaum verfehlt werden.

Begegnung hat nichts mit Dauer zu tun, auch nicht mit gemeinsamen Interessen. Ich erinnere mich an Unterhaltungen mit völlig Fremden, die nie ihren Duft verloren haben, weil auf unerklärliche Weise für eine kurze Weile eine Begegnung zustande kam.

Als ich zwanzig war, lächelte mir ein Busfahrer zu, während ich von seinem Bus absprang. Das habe ich nie vergessen, es war ein lächelndes Teilhaben. Wir sahen uns nie wieder, und das war auch nicht nötig, denn wenige Sekunden lang waren wir uns wirklich begegnet.

Auch in einer so kurzen Begegnung wird die Atmosphäre von etwas Unwägbarem, Unzerstörbarem durchdrungen. Dieses Etwas ist nicht Sympathie. Sympathie kann lästig sein und sogar schädlich, wenn sie entmutigt. Begegnung schadet nie, sie macht allen Beteiligten Mut.

Das Etwas, das entsteht, ist mehr als ein Gedankenaustausch. (Die Frage: »Was denkst du?« kann störend und schlimm sein.) Mitteilung und Austausch geschehen auf einer anderen Ebene. Sie bringen Menschen zusammen und helfen ihnen, in die gleiche Richtung zu wachsen. Ein gewisser Austausch ist für jede dauerhafte Beziehung notwendig. Doch spreche ich hier nicht von Austausch oder Beziehung. Ich spreche von der Fähigkeit, einem anderen zu begegnen und Begegnung zu erfahren. Begegnungen sind die wesentlichen Wuchsstellen in jeder lebendigen Beziehung, doch sie ereignen sich auch dort, wo die Bezeichnung »Beziehung« kaum anwendbar ist.

Es ist sicherlich möglich, daß mehr als zwei Menschen zur gleichen Zeit einander begegnen, das kann zwischen dreien, vielleicht auch vieren geschehen. »Wenn zwei oder drei von euch in meinem

Namen versammelt sind, so bin ich mitten unter ihnen.« Dies ist die Gegenwart, wie sie sich in Begegnungen zwischen zwei Menschen, von denen ich eben gesprochen habe, ereignet.

Die moderne Betonung der Zweierbeziehung ist manchmal sehr einseitig und führt zu einem Austausch, der zu einem Eindringen in den privaten Raum und zu einem Mißbrauch der Intimität werden kann. Betontes Sich-Mitteilen und Austauschen sind manchmal so gefährlich wie Sympathie. Neue Gedanken, die sich in der Tiefe formen, können durch zu frühe Mitteilung zerstört oder verformt werden wie ein ungeborenes Kind, das vorzeitig ans Licht gezogen wird, oder wie eine Blumenzwiebel, die ausgegraben wird, damit ein Neugieriger die Wurzeln wachsen sehen kann. Achtung vor dem inneren Raum des anderen ist ebenso wichtig wie gedanklicher Austausch. Die tiefste Kommunikation wird immer in Augenblicken des Schweigens erfolgen.

Manchmal frage ich mich, ob es klug ist, direkt auf Beziehung hin zu arbeiten. Worauf es ankommt, ist, sich auf sich selbst zu konzentrieren, immer bereit für die Augenblicke und Stunden der Begegnung, wenn sie kommen. Dann kann man der Beziehung zutrauen, aus sich selbst heraus bestehen zu können.

Man sollte immer an der eigenen Einstellung, nicht an der Beziehung arbeiten. In jeder Partnerschaft gilt: Wenn einer der Partner für sich Klarheit gewonnen hat, was die Situation erfordert, ist es oft nicht mehr notwendig, darüber zu sprechen, der andere nimmt es auf und handelt entsprechend, auch ohne Worte. Innere Klarheit scheint die Wirkung einer unsichtbar führenden Kraft zu haben, die Beziehungen und äußere Situationen zuverlässig beeinflußt. Dem Menschen, der diese Klarheit erlangt hat, werden neue Wege sichtbar, und Türen öffnen sich ohne Anklopfen.

Wir klammern aus unserem Denken oft unsere mangelnde Bereitschaft zur Begegnung aus. Besonders Frauen, denen bewußt ist, daß eine Beziehung von ihnen ausgehen muß, versuchen aber auch, alles ans Licht zu bringen, und ein Mann, der dazu nicht bereit ist, fühlt sich als Opfer. Ähnlich empfindet eine Frau, die gedrängt wird, etwas zu sagen, das sie nicht sagen kann. Solche Versuche, eine Teilhabe zu erzwingen, wirken ungeheuer ernüchternd.

In der Analyse läßt sich das Phänomen der Begegnung besonders gut beobachten. Analytiker und Patient begegnen sich nicht immer. Der nach der Stunde erschöpfte Analytiker hat seinen Patienten sicherlich verfehlt. Vielleicht war er zu aktiv und verströmte sich, ohne daß die Situation das erfordert hat. Vielleicht war er zu passiv und fühlte sich wider Willen ausgesaugt. Beide Male kam es zu keiner heilenden Begegnung.

Die Bereitschaft zur Begegnung ist sowohl von seiten des Analytikers wie von seiten des Patienten entscheidend. Manchmal ist der Analytiker nicht bereit, tief genug einzutauchen, um den überfluteten Patienten zu treffen, er verweigert sich aus einem gesunden Selbstschutz heraus. Manchmal mag er Angst haben, den dunklen, verschlungenen Pfaden zu folgen, auf die der Patient ihn lockt. In beiden Fällen gibt es keine Begegnung und keine Heilung. Nur im Augenblick einer wahren Begegnung öffnet sich die Tür zu einer Einsicht, die heilend wirkt und Patienten und Analytiker gleichermaßen erfrischt.

Die gleiche Situation besteht im täglichen Leben. Warum versäumen wir es so oft, einander zu begegnen?

Es scheint hierfür drei Gründe zu geben. Der erste ist, daß wir uns auf einer anderen Bewußtseinsebene als der andere befinden. Der zweite ist, daß mindestens einer von beiden eine Rolle spielt oder anderweitig besetzt ist. Der dritte, daß wir nicht zuhören. Ich will die genannten drei Hindernisse in der angegebenen Reihenfolge behandeln.

Wir verstehen das Problem der Begegnung leichter, wenn wir davon ausgehen, daß wir alle, Frauen und Männer, jederzeit auf mehreren unterscheidbaren Bewußtseinsebenen leben. Insbesondere gibt es eine klare Unterscheidung zwischen dem gezielten, zentrierten, fokussierten Bewußtsein und einem ahnenden, instinktiven Wahrnehmen, das noch immer nicht genug gewürdigt wird.

Das fokussierte Bewußtsein hat sich über die Jahrtausende aus dem Unbewußten entwickelt, seine Entwicklung schreitet weiter fort. Unsere Erziehung ist darauf angelegt, dieses Bewußtsein zu fördern und zu schärfen, letztlich um uns die Macht zu geben, die Dinge klar zu sehen und in ihre Bestandteile zu zerlegen, um uns die Fähigkeit zu vermitteln, Ideen zu formulieren, zu verändern, zu erschaffen und zu erfinden. Wir brauchen in unserer alltäglichen Welt ständig fokussiertes Bewußtsein. Ihm verdanken wir unsere Kultur und unsere wissenschaftlichen Entdeckungen.

Daneben gibt es eine andere Art des Bewußtseins, die ahnende Wahrnehmung. Es ist Kindern angeboren, und viele Frauen bewahren es sich; sie nehmen die Natur als Ganzes wahr, sie spüren die Verbundenheit aller Lebewesen, und sie erleben sich selbst als Teil eines größeren Ganzen. Aus dieser ungebrochenen Schicht kommen die weisen Aussprüche der Kinder, die Weisheit der Künstler und die Worte und Gleichnisse der Propheten, nur hörbar dem, der Ohren hat zu hören.

Im allgemeinen ist die männliche Grundeinstellung zum Leben (in beiden Geschlechtern) durch Zielgerichtetheit und Fokus, durch Teilung und Veränderung bestimmt; die weibliche (in beiden Geschlechtern) ist eher eine annehmende, eine ahnende Wahrnehmung[*] der Einheit allen Lebens und eine Bereitschaft für Beziehung; auf diese Weise läßt sich die Psyche in eine männliche und eine weibliche Seite teilen. Da männliche und weibliche Züge in den Menschen (beiderlei Geschlechts) miteinander verwoben sind, ist es vielleicht klarer, von fokussiertem Bewußtsein einerseits und von der ahnenden Wahrnehmung andererseits zu sprechen und unter ihnen Qualitäten zu verstehen, die, in verschiedenen Ausprägungen, sowohl zu Männern als auch zu Frauen gehören.

Es sei dennoch daran erinnert, daß ahnende Wahrnehmung eher Frauen zugehörig ist. Schon früh ist ein kleines Mädchen über alles Lebendige entzückt, während der kleine Junge leidenschaftlich daran interessiert ist, wie sich die Räder drehen oder warum der Kessel dampft, wenn es kocht. Räder und die Frage, wie Dampf anwendbar ist, lassen kleine Mädchen gewöhnlich kalt. Ähnlich fühlen die meisten Frauen sich den Bäumen und dem fließenden Wasser verwandt, sie haben ein Gefühl der Zugehörigkeit unter einem nächtlichen Himmel und sind dem Mondrhythmus verbunden. Vielleicht tritt ein liebender Mann vorübergehend in das Reich der ahnenden Wahrnehmung ein, er wird inspiriert und drückt diese Erfahrung später in einem Gedicht aus. Eine Frau, die durch ein Teleskop schaut, richtet während dieser Zeit ihren Ver-

---

[*] »Ahnende Wahrnehmung« (englisch: »diffuse awareness«) meint keine Funktion des Bewußtseins im intellektuellen Sinn, sondern eine Einstellung zu sich selbst und zu anderen, die den ganzen Menschen betrifft, zur Außen- und zur Innenwelt; offen, gewährend, zugewandt, gelassen, im Einklang mit dem, was zu tun ist. (Anm. d. Ü.)

stand klar auf die vor ihr liegende Aufgabe und schreibt später vielleicht eine wissenschaftliche Arbeit darüber.

Solange wir uns auf der einen Ebene befinden, erscheint die andere unsinnig, und wir neigen dazu, sie völlig abzulehnen. Das ist ein echtes Dilemma. Ich verletze meinen Kopf, oder ich verletze mein Herz. Immer hat das Herz die größeren Schwierigkeiten, weil ihm keine Stimme gegeben ist. Das Problem der differierenden Ebenen ist nicht auf die zwischenmenschliche Kommunikation begrenzt, es schafft uns allen zeitweilig erhebliche innerpsychische Spannungen. Wir geraten in einen Zwiespalt, wenn die beiden inneren Stimmen sich nicht begegnen. Ein Bettler kommt an meine Tür, was soll ich tun? »Hilf ihm«, sagt die eine Stimme. »Sei kein Narr«, mahnt die zweite. »Ich kann ihm die Tür nicht ins Gesicht schlagen.« – »Du unterstützt Rumtreiberei.« Die beiden Wahrheiten stimmen nicht überein, oft kommen sie nicht einmal miteinander in Kontakt.

Wer fest auf dem Boden der rationalen Vernunft steht, verschließt die Tür vor dem Bettler, mehr oder weniger höflich, und tut den leichten Schmerz über die mangelnde eigene Freundlichkeit als kindische Sentimentalität ab. Das ist die Haltung unserer männlichen Kultur, die Frucht unseres fokussierten Bewußtseins, aber wir bezahlen diese Frucht mit der Verhärtung unserer Herzen. Für die, die spüren, daß alles Leben eins ist und daß das, was einem geschieht, allen angetan wird, ist es unfaßlich, den Bettler abzuweisen. Viele Kinder leben auf der instinktiven Ebene, bis unsere Erziehung sie dieser Ebene entfremdet und sie vernünftig macht.

Ein Erwachsener, der allein auf der instinktiven Ebene lebte, käme dem Idioten in Dostojewskis Roman nahe. Nach jahrelanger Geisteskrankheit kehrt der Idiot als junger Mann in die Gesellschaft zurück, in der er sich nicht zurechtfinden kann. Er sieht das Leben mit der Einfachheit eines Kindes, seine offene Gläubigkeit macht das gesellschaftliche System und seine Heucheleien sichtbar. Der Idiot verkörpert die weiblich annehmende Sphäre, ihm fehlt jede männliche Unterscheidungsfähigkeit. Seine Liebe kennt keine Grenze, er versteht nicht, warum die Wahrheit verschleiert werden soll. Seine Bereitschaft für Begegnung ist bedingungslos. Er verursacht ein Chaos, seine Welt stürzt ein, ihm bleibt als einziger Ausweg nur die erneute Zuflucht in die Krankheit.

Fokussiertes Bewußtsein und ahnende Wahrnehmung sind nicht imstande, einander zu überzeugen, sie können sogar zerstörerisch aufeinander einwirken. Ein Übermaß ahnender Wahrnehmung weiblicher Werte lähmt uns und macht uns in der Welt handlungsunfähig. Und ein zu scharf fokussiertes Bewußtsein zerstört die Weisheit der weiblichen Ebene wie einen Nachtfalter, der sich an einem hellen Licht verbrennt.

In diesem Konflikt ist uns unsere Erziehung keine Hilfe. Der empfindsame Junge, der die Dinge unter der Oberfläche spürt, findet spätestens bei Schuleintritt heraus, daß seine angeborene Weisheit nicht geachtet wird. Anfänglich verbirgt er sie vor seinen Kameraden, um nicht von ihnen ausgelacht zu werden, später auch vor sich selbst.

Das Mädchen hat es schwer, sich seine angeborene Weiblichkeit zu erhalten, sie kann leicht untergehen, und die einmal verlorene Fähigkeit zu begegnen und Begegnungen zuzulassen ist im späteren Leben nur mit Mühen wiederzuerlangen. Wie kann eine Frau ihre männliche Seite leben und zugleich ihr weibliches Selbst sein?

Ich kenne eine jungverheiratete Frau mit Gespür für dieses Problem; sie entdeckte, daß die Reizbarkeit zwischen ihr und ihrem Mann am Abend nicht nur durch die Erschöpfung nach einem langen Arbeitstag im Büro bedingt war. Sie schuf Abhilfe, indem sie es einrichtete, eine Stunde vor ihrem Mann heimzukommen, um in dieser Atempause ihre männliche Seite abzustreifen und sich auf ihre Weiblichkeit zu besinnen. In der Folge gab es kaum mehr gereizte Stimmungen am Abend. Vielleicht ist diese Lösung auch für andere Paare hilfreich.

Die ganze Frage, bereit zu sein für eine Begegnung, das wirkliche Präsent-Sein, ist ungewöhnlich subtil. Die Schwierigkeit beginnt, wenn zwei Menschen miteinander reden wollen und nicht merken, daß sie von verschiedenen Ebenen ausgehen. Sie diskutieren zum Beispiel über den Einsatz von nuklearen Waffen. Der eine, auf der Ebene des fokussierten Bewußtseins, vertritt ganz rational die Möglichkeiten für eine Übereinkunft zwischen dem Osten und dem Westen und sieht, wie vergeblich es ist, einer Abrüstung ohne Kontrolle zuzustimmen. Derweil ist der andere, auf der Ebene der ahnenden Wahrnehmung, verzweifelt. »Kannst du denn die kriminelle Dummheit der Sache nicht sehen? Was bedeutet es schon, ob Rußland oder China uns betrügen. Es geht um das Leben der Nachwelt, und wir müssen es einfach ablehnen, daß atomar aufgerüstet wird, gleichgültig, was die anderen tun. Begreifst du das nicht?«

Nein, er begreift es nicht. Er argumentiert mit der Möglichkeit, »saubere« Bomben herzustellen, und er fügt hinzu, »in jedem Fall ist der Prozentsatz der betroffenen Kinder verschwindend gering, bezogen auf die Weltbevölkerung. Übergeordnet muß für uns die Freiheit des Individuums sein, und darum dürfen wir kein Risiko eingehen.«

Zu diesem Zeitpunkt ist die andere Partei in heller Verzweiflung. (Ich habe mit vorgestellt, daß sie eine Frau ist, doch die Rollen können durchaus anders verteilt sein.) Auch wenn die beiden endlos weiterstreiten, macht keiner auch nur den geringsten Eindruck auf den anderen. Sie gehen von verschiedenen Ebenen aus, und sie können sich, wie parallele Linien, nicht begegnen.

Beispielhaft erlebte ich den Unterschied von Nicht-Begegnen und Begegnen mit einem Mädchen im Verlauf einer halben Stunde. Ich kannte sie gut.

Sie besuchte mich und sprach in aller Länge über ihre Mutter. Ich langweilte mich in zunehmendem Maß, bis ich verstand, daß das Thema »Mutter« wohl nicht ihr Anliegen war. Und ich fragte: »Was wolltest du mir wirklich erzählen?« Sie ärgerte sich und bestand darauf, daß sie eben dieser Sache wegen gekommen sei, und schließlich sei es nicht ihre Schuld, wenn ich mich langweile. Ich entschuldigte mich. Darauf sagte sie, sie sei nun verwirrt. Ich entschuldigte mich dafür, sie verwirrt zu haben. Schließlich brach sie in Tränen aus und erzählte mit die ganze Geschichte mit der Mutter noch einmal. Diesmal begegneten wir uns, weil jetzt sie sprach, und das war ein anderer Mensch als der, der anfangs geredet hatte.

Es stellte sich heraus, daß sie auf dem Wege zu mir innerlich damit beschäftigt gewesen war, ein Gedicht zu gestalten; sie war auf der Ebene der ahnenden Wahrnehmung und auf der Suche nach Formulierungen, auch noch, als sie bei mir ankam. Da sie mit mir über ihre Mutter sprechen wollte, übergab sie diese Angelegenheit ihrem männlichen Sprecher, dem Animus, der auf der Ebene des fokussierten Bewußtseins zu Hause ist. Er übernahm die Sache und erzählte mir alles, was sie mich wissen lassen wollte. Doch weil sie nicht selbst sprach, konnte ich ihr nicht begegnen, ich konnte ihr nicht einmal zuhören.

Um diesem Mädchen zu begegnen, brauchte ich nicht auf die Ebene des Gedichts zu kommen, sie wollte ja nicht über das Gedicht sprechen. Sie kam auf die Ebene des fokussierten Bewußtseins und begegnete mir hier, jetzt in Kooperation mit ihrem männlichen Sprecher, während sie zu Beginn alles ihm überlassen und sich selbst davongestohlen hatte. Ich betone noch einmal, daß die Begegnung erst möglich wurde, als sie und ich uns auf derselben Ebene befanden.

Die Unklarheit über den eigenen Standpunkt bringt mich zum zweiten Punkt, dem Nichtgegenwärtigsein als Hindernis für Begegnung. Einer der Gründe, warum wir andere so oft verfehlen, ist der, daß wir so selten wirklich da sind.

Wir sind häufig mit unseren Rollen identisch, aber niemand kann einer Rolle begegnen. Ich kann dem Arzt, dem Beamten, der Krankenschwester und der Verkäuferin nicht begegnen, es sei denn, sie würden ihre Verkleidung abwerfen und mir ins Auge schauen. Und auch ich muß natürlich ich selbst sein, wenn ich einem anderen begegnen will.

Wir meinen oft, wenn auch fälschlich, daß wir mit der Rolle, die wir spielen, identisch sind. Unsere Sprache weiß davon, daß wir oft nicht wir selbst sind. Wir sagen: »Er ist heute nicht er selbst«, oder: »Thomas war außer sich« (ein seltsamer Ort zum Verweilen), oder: »Er war wie besessen«. Das Besessensein durch einen psychischen Anteil, für den wir die Verantwortung nicht übernehmen, ist eine Situation, in die wir öfter geraten, als wir wahrhaben wollen, auch wenn wir sie bei anderen oft beobachten. Manchmal hören wir uns selbst Dinge sagen, die wir bestimmt nicht meinen oder die wir niemals wirklich sagen wollten; und gelegentlich sind wir betroffen und entsetzt, aus dem eigenen Munde solche Sachen zu hören. Es ist dann, als ob wir jemand anderem beim Sprechen zuhörten.

Die meisten Frauen machen diese niederschmetternde, peinliche Erfahrung, die sie selbst und die Zuhörer mit der bangen Frage zurückläßt, ob diese seltsamen Worte wahr sein könnten. Manchmal sind sie es; durch Aussprechen kommen Ideen zu greifbarem Leben. Nichts kann ungesagt gemacht werden, wie oft wir es auch widerrufen mögen.

So kommen wir zu der Frage: Wer bin ich? Wer oder was ist das geheimnisvolle Ding, das sich »Ich« nennt? Es ist das »Ich«, das ja oder nein sagt und wählt. Und es wählt, unter vielem anderen, die

Ebene, fokussiert oder instinktiv, auf die ich mich stellen will, jetzt und immer wieder.

Das Vertauschen der Ebenen schafft schreckliche Verwirrungen. Dabei ist es ein alltägliches Geschehen. Ich gebe ein Beispiel. Eine Frau fragt ihren Mann, was denn wichtiger für ihn sei, sie oder seine Arbeit. Sie geht von ihrer weiblichen Wahrheit aus, nach der in einer Beziehung allein Liebe zählt. Wenn der Mann ein wenig davon versteht, begegnet er ihr auf dieser Ebene und antwortet: »Natürlich du.« Wenn sie auf seine Aussage hin die Forderung stellt, dann möge er doch ihr mehr Zeit und Energie als seiner Arbeit widmen, dann hat sie die Ebenen vertauscht. Er fühlt sich in die Irre geführt und ist es, auch wenn die Vertauschung der Ebenen nicht beabsichtigt war.

Schlimme Verwirrungen, Abwesenheiten und Versteckspiele finden statt, wenn eine Frau die Szene unbewußt ihrem männlichen Sprecher auf der Ebene des fokussierten Bewußtseins überläßt, während sie selbst sich im Hintergrund verbirgt – wie im geschilderten Fall. Dann erlaubt sie dem Animus, alle möglichen kollektiven Meinungen auszusprechen, die für die Situation irrelevant sind und die nicht dem entsprechen, was sie selbst denkt und fühlt.

Das wird »Animusbesessenheit« genannt, ich behandle sie in einem späteren Kapitel. Sie ist fast immer an ihrer Unangemessenheit zu erkennen. Doch nicht der Animus ist schuld, wenn bestimmte Aussprüche danebengehen. Eine Frau sollte sich Hilfe suchen, wenn sie solche Sprüche in ihrem eigenen Kopf hört. Die Stimme ist falsch.

Tränen vertreiben jede Animusbesessenheit. (Als das Mädchen weinte, wurde Begegnung möglich.) Frauen sollten ihre Tränen begrüßen und nicht unterdrücken. Sie waschen alle Falschheit hinweg und alle Rollenvorstellungen, und zurück bleibt sie, wirklich sie selbst, ungeschminkt, offen und bereit für Begegnung.

Auch ein Mann kann besessen sein, wenn unversehens die unbewußte Weiblichkeit, die Anima, die Kontrolle übernommen hat. Diese Besessenheit drückt sich eher durch Stimmungen als durch Worte aus, weil das Weibliche nicht wortgewaltig ist. Diese Stimmungen umfassen Launen, Unverantwortlichkeiten, Beleidigtsein, Eitelkeiten, Sentimentalitäten und Wutausbrüche. Unbemerkt ist er in eine Sphäre hineingestolpert, die er nicht versteht, und wundert sich dann über sein Unbehagen.

Manche Männer können bewußt die Ebene des weiblichen Gewahrwerdens betreten, ihre natürliche Begabung des Formulierens gebrauchen und so die Weisheit, die sie dort finden, ausdrücken.

Für diese Grenzüberschreitungen sind schaffende Künstler sehr wichtig. Sie leben unter dem Druck ihrer Erziehung und mit der Notwendigkeit, sich einer Gesellschaft anzupassen, die auf fokussiertem Bewußtsein basiert. Trotzdem verlieren sie ihren Zugang zum Reich der ahnenden Wahrnehmung nicht. Alle wachsenden Dinge sind für sie miteinander verbunden. Dieser ständige Konflikt, in dem ein Künstler lebt, macht sein oft seltsames Benehmen verständlich. Seine Kunst beruht auf seiner größeren Fähigkeit, die Ganzheit seines Menschseins zu leben, sie ist nicht das Ergebnis einer einseitigen Entwicklung, wie oft vermutet wird. Auch wenn seine Kunst nie das Licht des Tages erblickt, ist sein Grenzgängertum für ihn selbst und für die Gesellschaft von ungeheurer Bedeutung.*

Aus Ungewißheit, wer wir sind und wo wir stehen, suchen wir Schutz hinter Abschirmungen, wir haben Angst, auf gefährliche Wege zu geraten, wenn wir uns auf Begegnungen mit anderen einlassen: Wir könnten ausgenutzt werden, und wir fürchten mögliche, nie beabsichtigte Verwicklungen. Ein klares Wissen, wo wir stehen, und die Fähigkeit, eine Einstellung gegebenenfalls zu ändern, verringern unsere Ängste.

Als Beispiel nehme ich den Umgang mit einem Bettler. Er kam eines Tages an meine Tür. Er war einarmig und trug einen schweren Korb. Ich wollte nichts kaufen, aber ich war in einer weiblichen Stimmung. Er setzte seinen Korb ab, sah mir in die Augen und sagte: »Ich bin so müde, gibst du mir eine Tasse Tee?« Über den Küchentisch hinweg sprachen wir miteinander, während ich ihm zu essen gab, und wir begegneten uns wirklich. Im Weggehen gab er mir die Hand, versuchte, mich an sich zu ziehen, um mir einen Kuß zu geben, und flüsterte: »Wann ist dein Mann nicht da?« Ich erlaubte den Kuß nicht, aber ich hielt seine Hand, weil ich

---

* Diese Beobachtung an Künstlern verdanke ich E. Neumann, der als erster den Unterschied zwischen fokussiertem und ahnendem Bewußtsein definierte. (Neumann nennt es »beobachtendes Bewußtsein«). Nach Neumann betrifft das oben Gesagte den männlichen kreativen Künstler, für den weiblichen liegen die Dinge wiederum komplizierter. Vgl. hierzu Erich Neumann: Zur Psychologie des Weiblichen. Zürich und Olten 1953.

ihn nicht verletzen wollte. Ich schüttelte den Kopf: »Komm nicht wieder, das nächste Mal bin ich nicht da.« Er kam nie wieder. Er wollte die Situation nicht für sich ausnützen. Er war nur auf der Ebene der ahnenden Wahrnehmung gefangen, auf der wir uns begegnet waren.

Die Freiheit, mit ihm so zu sprechen, gab mir freilich die Fähigkeit, von dieser Ebene auf die der Vernunft überzuwechseln.

Begegnungen sind immer wie ein Wunder, sie können nicht geplant und nicht erklärt werden. Zum Glück widerfahren uns von Zeit zu Zeit wirklich nachhallende, vibrierende Begegnungen, immer mit der Gegenwart eines geheimnisvollen Dritten verbunden, gleichgültig, ob wir uns dessen bewußt sind oder nicht. Sie geschehen als Gnade, sie lassen sich durch keinen Kunstgriff zustande bringen.

Das dritte große Hindernis für Begegnung ist das Versagen der Kommunikation: daß wir nicht sagen, was wir wirklich meinen, und daß die Empfänger ebenso oft nicht zuhören.

Kommunikation findet oft nicht statt, weil wir uns selbst nicht gut genug kennen, wir sind uns nicht klar über das, was wir sagen wollen. Das gilt für viele soziale Gruppierungen. Der Arbeiter, der einen höheren Lohn verlangt, erkennt nicht, daß Langeweile und Monotonie in unseren technischen Betrieben ihn unzufriedener machen als sein Lohn. Er fordert eine Lohnerhöhung, der wahre Grund bleibt unerwähnt.

Auch akademische Berufsgruppen, zum Beispiel Ärzte, sind nicht bewußt genug, um ihre wirkliche Not in Worte zu fassen. Praktische Ärzte in England beklagen sich heftig über die ungerechte Bezahlung und über ihren niedrigen Status in der Hierarchie der Mediziner; ich habe sie nie von dem sprechen hören, was sie wahrscheinlich viel unglücklicher macht: daß der Archetyp des Heilers sie nicht mehr trägt und nährt und daß sie nur noch kleine Räder in der großen Maschinerie des Gesundheitswesens sind. Was ihnen wirklich fehlt, ist nicht größerer Wohlstand, sondern »Mana«.

Die zusammenschrumpfenden Kichengemeinden sind ein anderes Beispiel. Der Hunger der Menschen nach Religiosität ist ungestillt, doch die Menschen, die der Priester, Geistliche oder Rabbi anspricht, haben sich geändert, sie verstehen seine Sprache nicht mehr.

Genug der Beispiele für Kommunikationsprobleme. Ich will mich nun mit einem seltsamen Versagen befassen, der Schwierigkeit, hinzuhören und aufzunehmen.

Ich habe eine Erinnerung aus meiner Schulzeit: Ich gehörte zu einer kleinen Klasse für höhere Mathematik, und der Lehrer erklärte uns sorgfältig eine neue Theorie. Ob wir sie verstanden hätten? Ich hatte sie nicht verstanden und gab das zu. Der Lehrer wiederholte seine Erklärung. War es nun klar? Ich schüttelte den Kopf. Er ging die ganze Sache noch einmal mit unendlicher Geduld durch. Ich hatte noch immer nicht verstanden. Plötzlich dämmerte es mir: »Die Wahrheit ist«, sagte ich strahlend, entzückt über meine Entdeckung, »ich habe nicht zugehört.« Das ist der Punkt: Wir hören nicht zu. Frau Whetnall weist in ihrem Buch über taube Kinder darauf hin, daß Taubstummheit nicht immer auf einem mangelhaften Hörvermögen beruht. Manchmal reden die Eltern mit einem taub scheinenden Kind nicht mehr, und dem Kind fehlt jede Gelegenheit, Klänge und Bedeutungen miteinander in Beziehung zu bringen. Frau Whetnall erreicht in vielen Fällen erstaunliche Besserung durch intensives, persönliches, geduldiges Sprechen mit dem Kind. Sobald das Kind zu verstehen beginnt, fängt es spontan an zu sprechen.

Frau Whetnall teilt auch die Beobachtung mit, daß die Ergebnisse von Hörtests bei Kindern stärker von der Bedeutung als von der Lautstärke der Geräusche abhängen. Das Kind dreht sich nach dem Klirren eines Löffels in der Teetasse um, nicht aber nach einem lauten Knall, der ihm nichts sagt.

Ähnlich scheint es sich mit dem Zuhören im Erwachsenenalter zu verhalten: Wir schenken einer Sache Aufmerksamkeit, wenn wir ihr Bedeutung abgewinnen können. Andernfalls wenden wir uns ab oder denken an etwas anderes.

Im allgemeinen wird unsere Wahl der Gebiete, in denen wir tätig sind, mit zunehmender Reife bewußter. Selektive Taubheit und gezielte Ausblendungen erleichtern Spezialisierungen; während ein Kind für alle Eindrücke offen ist, reagiert der spezialisierte Erwachsene auf einige empfindlich und schirmt sich mittels Taubheit gegen die anderen ab. Er benutzt einen Filter, der nur die relevanten Geräusche durchläßt.

Überall begegnet uns die wachsende Taubheit oder die Unfähigkeit zuzuhören, die der Erwachsene im Laufe seiner Spezialisierung erwirbt. Materiell orientierte Menschen sind unfähig, bestimmte Worte zu hören, die für sie als Kinder bedeutungsvoll waren. Manche Kinder hören in dem Wort »Gott« Klänge, die sie in einem späteren Alter weit von sich weisen. Und als Erwachsene schalten sie ab, wenn über Gott gesprochen wird. Andere fahren fort, im Wort »Gott« Klänge von zunehmender Schönheit zu hören. Schließlich ist eine Verständigung zwischen diesen beiden Gruppen unmöglich.

Neben dem äußeren Zuhören gibt es ein inneres, das gelernt oder vernachlässigt werden kann. Wem nur eine dieser Hörfähigkeiten zur Verfügung steht, der wird es fast unmöglich finden, seine Erfahrungen dem Exponenten des anderen Prozesses mitzuteilen.

Zum Glück haben die meisten Menschen mit beiden Welten Erfahrungen. Doch manchmal wissen wir nicht, in welcher von beiden wir stehen, und so bricht die Kommunikation zusammen. Die vergeblichen Verständigungsversuche schaffen auf beiden Seiten Frustration und Ärger.

Die Ungeduld des einen mit dem andern, die beide davon ausschließt zu hören, was der andere wirklich zu sagen hat, ist weitgehend eine Abwehrreaktion. Und tatsächlich bedroht jede dieser Haltungen ernstlich die andere. Wir unterschätzen im allgemeinen, wie leicht und in welchem Ausmaß wir das Fundament, auf dem ein anderer Mensch sein Leben aufgebaut hat, unterminieren können. Oft provoziert eine Frau bei ihrem Mann Emotionen, sie läßt ihn hilflos in seiner Verwirrung zurück, während sie singend davonzieht. Sie explodiert, wenn sie seine kühle Vernunft nicht mehr ertragen kann; während der emotionale Ausbruch für sie die Situation klärt, kann er für den Mann verheerend sein, ihn am Denken hindern und ihn arbeitsunfähig machen. Ähnlich destruktiv kann für eine Frau gerade das klare Denken des Mannes sein. Ein zu starker Strahl fokussierten Bewußtseins läßt eine wertvolle Idee verdörren, die sich langsam ihren Weg durch die dunklen, tiefen Schichten einer Frau sucht. Eine Frau, die an ihrer ahnenden Wahrnehmung festhält, mag sich bis ins Mark getroffen fühlen, wenn ein Mann sie mit logischen Argumenten überfährt.

Manchmal erleben wir bereits die Darstellung des anderen Gesichtspunktes als bedrohlich. Die auftauchenden Emotionen und Gedanken erschrecken uns, wir schirmen uns durch Nicht-Zuhören gegenüber allem ab, was diesen alarmierenden, unangenehmen Zustand in uns hervorrief. Wir kennen die Abstufungen dieses Gefühls, vom Gereizt-Werden bis hin zur Panik, das immer dann auftritt, wenn die Gültigkeit der eigenen Lebensauffassung in Frage gestellt wird. Der erste Schritt zu einer Synthese der beiden Halbwahrheiten, die auf den gegensätzlichen Bewußtseinsweisen fußen, läge darin, zu lernen, einander zuzuhören.

Natürlich ist die Technik des Zuhörens für beide Gruppen eine andere. Die Vertreter der ahnenden Wahrnehmung müssen lernen zu fokussieren. Ihr schwächster Punkt besteht darin, daß ihr Erleben auf einem instinktiven, ahnenden, verschwommenen, überaus weitwinkligen Sehen beruht. Die Menschen auf der anderen Seite, die ihrer Fähigkeit vertrauen, aus bewiesenen Tatsachen logische Schlüsse zu ziehen, müssen lernen, zwischen den Zeilen zu lesen. Es hilft nicht weiter, wenn sie die Worte für bare Münze nehmen und nachweisen, daß sie keinen Sinn ergeben.

Das läßt sich sogar auf die Lektüre eines Buches anwenden: Satz für Satz herausfinden, was wörtlich gemeint ist, oder den Fokus verschwimmen und das Werk als Ganzes wirken lassen, ohne Analyse. Ich habe ›Living Time‹ von Maurice Nicoll auf die zweite Weise gelesen, und ich empfing einen überwältigenden, bleibenden Eindruck; eine genaue Inhaltsangabe ist freilich nicht möglich.

Das Wort, gesprochen und geschrieben, ist oft ein stumpfes Verständigungsmittel. Das gefühlsmäßig neutrale Wort »Gesellschaft« bezeichnet für den Gewerkschaftsfunktionär etwas ganz Bestimmtes, etwas anderes für den Sozialarbeiter und noch etwas anderes für den Salonlöwen.

Weit schwieriger sind Wörter wie »Liebe« oder »Gott«. Die Bedeutungen, die sie verschiedenen Menschen vermitteln, sind durch Welten voneinander getrennt. Der alte Mann mit dem weißen Bart im Himmel hätte Mühe, sich selbst in dem abstrakten Gewand wiederzuerkennen, in das er heute gekleidet wird. Ähnlich läßt sich das Wort »Liebe« vom einfachen sexuellen Abenteuer bis zur mystisch sublimen Vereinigung dehnen. Wenn wir ein Wort gebrauchen, kommen wir dem, was es für den anderen bedeutet, bestenfalls nahe. Meine analytische Arbeit erinnert mich ständig daran, daß uns nur Annäherungen möglich sind und daß Worte ebenso trennende Wände zwischen den Menschen aufrichten wie Kommunikationswege zwischen ihnen öffnen können.

Wir stehen vor einem Paradox. Es ist eine kulturelle Notwendigkeit zum Schutz der eigenen Individualität, sich nicht mit Belanglosigkeiten abzugeben. Wer seinen eigenen Weg gefunden hat, muß sich an ihn halten. Wir kämen nirgends hin, wenn wir jedem Umweg in unserem Leben folgen wollten. Und würden wir jedem Ruf der inneren Welt Folge leisten, so ginge jede Orientierung verloren.

Die Fähigkeit, zu wählen, gehört zu den großen Gaben des Menschen; die Fähigkeit, einem anderen zu begegnen, ist ein anderes großes Geschenk, das von uns verlangt, die Ohren zu öffnen, die wir schließen mußten, um wählen zu können.

Wenn es uns gelänge, diese beiden Forderungen in uns zu vereinen, würden wir beginnen, eines der großen Hindernisse für Begegnungen abzutragen.

Verantwortung und Schatten

Gegenüber den Problemen der heutigen Welt fühlt der gewöhnliche Sterbliche sich machtlos und ohne Einfluß. Unser Erziehungssystem soll angeblich zu eigenständigem Denken und zur Übernahme von Verantwortung erziehen. Junge Menschen erfahren nach der Schule, daß in dieser Gesellschaft unabhängiges Denken Nachteile bringt. Wir zucken mit der Schulter, wenden den ungeheuren Problemen unserer Zivilisation den Rücken zu und genießen das Leben, so gut wir können. Wir haben den Sinn für unsere Verantwortung für diese Welt verloren.

Zwei Kräfte verschlimmern diese Situation. Die eine ist der Hang zur Konformität, der uns überrollt hat. Wir kaufen die gleichen Sachen, wir sehen die gleichen Fernsehprogramme und lesen die gleichen Zeitungen. Unsere Meinungen und Ansichten gleichen wir der Gruppe an, in der wir leben, und je nach Zugehörigkeit folgen wir der Linie einer Gewerkschaft, Kirche, Organisation oder psychologischen Schule. Vielleicht lassen wir uns sogar von Sekten und Freidenkern beeinflussen.

Die andere Kraft ist, seltsam genug, die moderne Psychologie. Sie drängt die Menschen, sich nach innen zu wenden und ihre Probleme in sich selbst auszutragen, statt sich in ihrer Umwelt mit ihnen auseinanderzusetzen. Psychologen werden so ausgebildet, daß sie ihren einzigen Beitrag zur Gesellschaft im Bereich von Selbsterkenntnis sehen, sie vernachlässigen die Verantwortung des Menschen für seine Welt. Es gibt eine psychologische Theorie, die behauptet, daß wir unsere schlechten Qualitäten nach draußen projizieren und daß es gut wäre, wenn wir unsere Projektionen zurücknähmen und mit ihnen in unserem Inneren umgingen. Ich habe Bedenken, daß das Insistieren auf der Rücknahme der Projektionen die falschen Resultate erbringen könnte. Die Bereitschaft zum Protest nach außen ist ein wesentliches Element jeder lebendigen Demokratie. Wir berauben unsere Politiker einer wichtigen Orientierungshilfe, wenn wir Gefühle der Zustimmung oder des Abscheus nicht mehr äußern. Viele intelligente Bürger wenden sich von der Außenwelt ab, wenn die Psychologen sie dazu bringen, mit ihrem Schatten nur noch innerhalb ihres Selbst umzugehen. Diese Entmutigung natürlicher Rebellen ist ein Bärendienst für die Demokratie. Aber Psychologen sind so sehr dagegen, daß jemand so etwas wie einen »Retterkomplex« pflegt, daß die Dynamik, die in einem Reformeifer steckt, gedämpft wird und der Welt verlorengeht. Große Taten können nur geschehen, wenn wir über unser kleines Ich hinauswachsen. Die Flügel, die uns verliehen sind, sollten wir auch gebrauchen. Das Ziel moderner Psychologie scheint »das Normale« zu sein. Was könnte trübseliger sein als das Normale? Wenn ein Mann dem Arbeitsmarkt zurückgegeben wird und in der Lage ist, eine monotone Arbeit als unbedeutendes Rädchen in der großen Maschinerie einer Industrie oder Verwaltung auszuführen, dann sieht der Psychiater seinen Auftrag erfüllt, obwohl er den Mann derselben Gesellschaft und demselben Arbeitsplatz aussetzt, die ihn krank gemacht haben.

Wir nivellieren. Wie wäre es Christus ergangen, wenn er heute gelebt hätte? Wahrscheinlich wäre er in seiner Seelenqual in einer psychiatrischen Anstalt gelandet und dort nach allen Regeln der Kunst behandelt worden, bis er wieder eine normale Arbeit hätte annehmen können. Die Römer gingen weit besser mit ihm um, sie kreuzigten seinen Leib und mehrten auf diese Weise seine spirituelle Kraft.

Die Psychologen sind unversehens in eine traurige Begeisterung für das Normale hineingeraten. Ich bin nicht sicher, ob Ausgeglichenheit unbedingt eine Tugend ist. Ein dringendes inneres Problem und eine Unausgeglichenheit können den Anstoß geben, äußere Mißstände anzupacken. Der Rebell, den Unrecht und Grausamkeit an anderen zum Handeln bewegen, mag selbst unter einem grausamen inneren Tyrannen leiden.

In den Augen des Durchschnittsbürgers sind die meisten Genies mehr als ein bißchen verrückt. Künstler zahlen für ihre ungewöhnlichen Einsichten oft einen hohen Preis, manchmal ihr seelisches Gleichgewicht. Die Welt aber wäre ärmer ohne einen van Gogh.

Mich ärgert die Überheblichkeit mancher Psychologen, mit der sie behaupten, menschliche Verhaltensmuster erkennen zu können; für bestimmte Ebenen mag das gelten, doch wir dürfen die unbekannte Einzigartigkeit des Individuums nicht außer acht lassen. Wir machen es uns zu leicht, wenn wir Situationen mit psychologischen Schlagworten »erklären«; die innere Bedeutung des Geschehens begreifen wir auf diese Weise nicht.

In ähnlicher Weise vermeinen Eltern, die Fehler ihrer Kinder zu sehen und ihre Komplexe zu kennen; kluge Eltern erinnern sich daran, daß ihnen die innere Wahrheit und die Bestimmung ihrer Kinder unbekannt ist. Wir wissen nicht, wo ein anderer rebellieren und welche Fehler er machen muß. Seine Unfähigkeit, sich der Gesellschaft anzupassen, und seine besondere Überempfindlichkeit mögen seine Beiträge für diese Welt sein, und sie sollten gepflegt und nicht ausgetrieben werden.

Kluge Eltern sehen die Fehler der Jungen – und sehen sie nicht; zu wissen und zugleich nicht zu wissen, das ist eines der paradoxen Geheimnisse der Beziehung.

Irgendein Handlungsablauf, der deutlich ins Unglück zu führen scheint, kann zu einer schicksalhaften Wende führen. Einem einfachen Unfall mag eine verborgene innere Bedeutung innewohnen.

Über die Mysterien von Tod und Leben wissen wir fast nichts. Uns werden heute so viele Erklärungen von Experten angeboten, manchmal sind sie brauchbar und passen zu unseren Erfahrungen, oft sind sie es nicht. Wesentlich ist, daß wir im Streit zwischen Theorie und Erfahrung die Theorie fallenlassen und uns auf unsere lebendige Erfahrung verlassen.

Ich habe die moderne Psychologie wegen ihres Hangs zur Konformität kritisiert. Auf einer tieferliegenden Ebene aber hilft sie den Menschen, sich von der Konformität weg zu bewegen, sie lehrt uns, die Verantwortung für den eigenen Schatten zu übernehmen.

Der Schatten ist jener Teil von uns, den wir nicht wahrnehmen. Er beinhaltet all jene Eigenschaften und Charakterzüge, die wir nicht zu haben glauben. Der Name »Schatten« läßt leicht vermuten, daß nur schlechte Eigenschaften in ihm steckten. In Wirklichkeit ist der Schatten hell und dunkel, gut und böse. Oft sind echte Tugenden im Unbewußten verborgen. Ein ängstlicher, scheuer Mann beweist in einem Notfall Mut, der ihn und seine Freunde überrascht. Ein Geizhals hat Anwandlungen von Großzügigkeit, die ihn verlegen machen. In diesen Fällen sind Großzügigkeit und Mut Schattenqualitäten, weil sie ihren Besitzern unbewußt sind. Ihre Unbewußtheit macht eine Eigenschaft zum Schatten, nicht ihre Schlechtigkeit.

Ob gut oder schlecht, wir brauchen ein Wissen um unsere Schattenseiten, um die Verantwortung für ihre Auswirkungen auf uns und andere übernehmen zu können.

Wir projizieren unsere unbewußten Eigenschaften auf andere, und dann nehmen wir diesem Menschen gerade jenen Zug, an dem wir unbewußt teilhaben, übel und hassen ihn dafür. Solange ich den schwarzen Schatten im andern sehe, übernehme ich für seine Anwesenheit in mir keine Verantwortung. Ich hasse bloß den anderen.

Ein guter Weg, den eigenen »Schatten« zu entdecken, liegt darin, Eigenschaften bei anderen zu beobachten, die einen selbst ärgern und reizen. Ich erlaube mir, meinen Ärger und Unmut nicht zu unterdrücken. Wenn ich mich schließlich beruhigt habe, wende ich meine Aufmerksamkeit nach innen und suche nach ähnlichen Zügen in der eigenen Natur, und ich finde sie gewöhnlich auch, auf der einen oder anderen Ebene. Was folgt, ist die Auseinandersetzung in mir. Und wenn sie gelungen ist, werden die Projektionen auf den anderen unwillkürlich zurückgenommen, denn es lassen sich eben nur unbewußte Eigenschaften projizieren.

Andere Menschen werden wirklich angenehmer und erfreulicher, wenn wir unsere Projektionen auflösen. Unser Einfluß auf andere ist größer, als wir meinen, und es ist schwierig, die Erwartungen der anderen nicht zu erfüllen. Eine Projektion zu tragen ist wirklich eine Last. Auch wenn der andere nach Rücknahme der Projektion unangenehm bleibt, weil er schlicht und einfach unangenehm ist, so sehen wir ihn jetzt so, wie er ist, ohne Ärger.

Um unsere hellen Schattenqualitäten beneiden wir andere Menschen. Wahrscheinlich sind wir nur auf das neidisch, was zutiefst zu uns gehört. Ein integrierter Mensch trägt seinen eigenen dunklen Schatten der ungewünschten Eigenschaften, er befreit seine Mitmenschen von seinen Projektionen und verwandelt so einen Bruchteil des Bösen in dieser Welt. Er trägt seinen hellen Schatten, er nimmt seinen Mut, seine Kraft, seine Würde und seine imaginative Einsicht an, und er versagt sich der Belastung durch die anderen, die unbewußt auf ihn projizieren.

Besondere Berücksichtigung verdienen heute drei Schatten, der nationale, der eigene persönliche und der Schatten der Frau, der dunkelste von allen.

Projektionen finden sich an der Wurzel aller Kriege. Wir projizieren unseren nationalen Schatten auf andere Länder. Wir wollen uns das anschauen, weil die Folgen uns alle betreffen können.

Wir steckten viel Energie in unseren Haß auf Russen und Chinesen, weil sie Leben und Freiheit des Individuums geringachteten. Während wir unermüdlich diese Zustände in der Sowjetunion und in China anprangerten, merkten wir nicht, was bei uns geschah.

Selten gerate ich in den Berufsverkehr, aber dann sehe ich scharenweise müde, traurige Menschen mit unzufriedenen Gesichtern, die stundenlang eng zusammengedrängt in schlechter Luft stehen, schieben oder geschoben werden. Ich stelle mir vor, daß sie das zweimal täglich über sich ergehen lassen und daß viele in der Zwischenzeit eine uninteressante, monotone Arbeit tun, und ich frage mich, wo unser Respekt für individuelles Leben geblieben ist, auf den wir uns soviel zugute halten. Wo ist unsere vielgepriesene Freiheit? Unsere Gedanken werden uns von der Tagespresse diktiert, über unsere Werte entscheiden Werbung und Fernsehen. Unsere Aktivitäten werden durch zahllose Regeln und Anordnungen beschnitten, und unsere Vertreter im Parlament gehorchen der Parteilinie mehr als ihrem Gewissen.

Wir sehen die Zwänge der Gewaltherrschaft in China und der ehemaligen UdSSR und hassen sie von Herzen. Für unsere eigene Unfreiheit sind wir blind, wir hassen stellvertretend Sowjets und Chinesen.

Sehen wir denn nicht, daß in unserem Land fähige und willige Menschen nicht arbeiten dürfen, weil ihnen ein Papierchen fehlt? Unsere Rechtsprechung mischt sich auf unerträgliche Weise in den Bereich der persönlichen Ethik des Bürgers ein. Noch reden wir in der Öffentlichkeit frei, aber das Anzapfen privater Telefonleitungen und Hausdurchsuchungen sind häßliche Erscheinungen.

Das ist Teil unseres nationalen Schattens; sobald wir die Mißstände bei uns sehen, erkennen wir, daß Gewalt, der unvermeidliche Schatten überzogener rationaler Planung, keine chinesische Spezialität, sondern ein weltweites Übel ist.

Es führt schließlich zu Krieg, den Schatten der Gewaltherrschaft nur in anderen Ländern zu sehen; wir übernehmen Verantwortung für unseren Anteil an diesem Unwesen, wenn wir es daheim erkennen und hier Abhilfe schaffen. Das entbindet uns nicht vom Protest gegen Folterungen andernorts, doch es gibt uns die Möglichkeit, das Übel auf eigenem Boden zu bekämpfen, statt anzunehmen, daß das die Sache der anderen sei.

Soviel über den nationalen Schatten, und jetzt schauen wir uns unseren persönlichen Schatten an.

Der verantwortliche Umgang mit dem eigenen persönlichen Schatten setzt eine Kenntnis der minderwertigen Funktion voraus.

Jung beschreibt vier geistige Funktionen: Denken, Fühlen, Empfinden und Intuieren. Er nennt Denken und Fühlen rational, weil sie zu Beurteilungen führen. Denken analysiert, Fühlen untersucht Werte, also das Gute oder Schlechte einer Sache. Empfindung und Intuition beurteilen nicht, sie sind Wahrnehmungsarten. Empfindung nimmt wahr, wie die Dinge sind, innen und außen; die Intuition vermittelt Ahnungen, wie sie sein könnten und was sie bedeuten. Diese Darstellung ist vereinfacht und nur als Erinnerung gedacht. Hochintelligente Menschen verfügen über mehrere Funktionen; meist aber benutzen wir eine überwiegend, den Gebrauch der anderen können wir entwickeln.

Die am wenigsten entwickelte Funktion eines Menschen wird die »minderwertige« genannt. Vielleicht wäre die Bezeichnung »vierte Funktion« zutreffender und weniger verwirrend. Auch ziemlich vielseitige Menschen haben eine vierte Funktion, die sich ihrem Begreifen entzieht. Beim Denker ist das Gefühl so schwach entwickelt, daß er unversehens mit seiner Logik etwas zertrampelt, das dem andern kostbar ist. Manche Frauen sind sich ihres Gefühls so sicher, daß für sie etwas »ganz richtig« oder »ganz falsch« ist, ohne jedes Bedürfnis nach einem logischen Beweis. Den Empfindungstypen, besonders den extravertierten, verblüfft die Fähigkeit des Intuitiven, um die Ecken und unter die Oberfläche zu sehen. Thomas, der zweifelnde Apostel, war ein Empfindungstyp. Und dem Intuitiven, der dauernd von etwas Neuem fasziniert und der ständig neuen Ideen ausgeliefert ist, ist der Umgang mit den ganz gewöhnlichen Dingen unvertraut, Empfindung und ein Sinn für die Realität sind seine Schwächen.

Oft ist die vierte, undifferenzierte Funktion eines Menschen leichter zu erfassen als seine stärkste. Unsere Schwachstellen fallen ins Auge, doch aus der vierten läßt sich die erste ableiten.

Ein taktloser Mann (also mit unterentwickeltem Gefühl) ist überwiegend ein Denktyp. Ein unlogisch Denkender arbeitet überwiegend mit Gefühl. Der Mann, der in einer Situation steckenbleibt und keinen Ausweg sieht, ist ein Empfindungstyp; der Intuitive hingegen wird von allen Seiten mit so vielen Möglichkeiten bestürmt, daß es ihm schwerfällt, in irgendeiner Situation zu bleiben und durchzuhalten.

Neulich schaute ich einem klugen, kreativen Burschen von vierzehn Jahren zu; er wollte seinen verschiedenen Schulfächern Hefte in verschiedenen Farben zuordnen. Dabei kam er in Schwierigkeiten. »Das ist doch nicht zu fassen«, sagte er, »Farben und Zahlen stehen nicht miteinander in Beziehung. Es geht nicht auf.«

Ihm fehlt die Empfindungsfunktion fast völlig. Für ihn gibt es so viele Möglichkeiten und Kombinationen, daß er sich für keine entscheiden kann. Dieser Junge denkt klar. Sein Gefühl ist warm und verläßlich. Wir können ableiten, daß seine erste Funktion Intuition ist. Sie macht ihn kreativ. Die meisten kreativen Denker sind Intuitive.

Es gibt nur einen Weg, die geringere Funktion zu entwickeln, nämlich der ersten weniger Energie zur Verfügung zu stellen. Das ist nicht leicht zu lernen. Mit Hilfe einer Analyse lassen sich die zweite und die dritte Funktion fördern; doch nur die harten Stöße des Lebens bringen uns dazu, die bestentwickelte bewußte Funktion soweit aufzugeben, daß genug Energie bleibt, in die Tiefe zu tauchen und die vierte zu erreichen. Jungs Lehre von den psychologischen Typen hilft uns, mit der Annahme aufzuräumen, daß der Verstand bei anderen Menschen genauso arbeitet wie der eigene. Für Jung war diese Untersuchung ein Versuch, seine Differenzen mit Freud zu begreifen.

Wenn ein Mensch gelernt hat, alle seine Funktionen bewußt zu gebrauchen und einzusetzen, befreit er sich von der Einengung durch eine einzige. Er ist fähig, zu gegebener Zeit die Funktion zu gebrauchen, die der Situation angemessen ist. Die Kenntnis des eigenen Typs hat eine große praktische Bedeutung. Durch die vierte, minderwertige Funktion kann sich unbemerkt Übles einschleichen. Wenn ich meine vierte Funktion kenne, bin ich vor ihr auf der Hut, so daß sie mich nicht in die Wüste führt.

Die vierte Funktion, mit der wir am wenigsten bewußt umgehen, steht unvermeidlich mit dem Unbewußten in Berührung. Wenn sie uns zu Hilfe kommt, hat sie einen magischen, geheimnisvollen Touch. Ich bin eine Intuitive, und Jung hat mir einmal erklärt, daß ich von meiner vierten Funktion nicht erwarten dürfe, daß sie der Empfindung eines Empfindungstypen gleichen werde. Sie würde dafür eine numinose Qualität haben, und das stimmt. Für mich ist es hoffnungslos, die alltägliche Realität so meistern zu wollen wie andere Menschen. Zugleich geschehen seltsame Dinge mit der Materie um mich her. Für den Intuitiven sind seine Sinneseindrücke magisch, nicht seine Intuitionen, die für ihn selbstverständlich sind.

Dem Empfindungstypen erscheint eine plötzliche Intuition, angehaucht vom Unbewußten, wie von Gott gesandt; vielleicht ist sie es.

Für den Gefühlstyp, dem das Denken so schwerfällt, ist das Ergebnis eines gelungenen Denkprozesses leuchtend klar; und ein Denker, dessen Gefühl angerührt wird, ist von der unerwarteten Emotion überwältigt. (Emotion ist keine Funktion und nicht mit Gefühl identisch, Emotion wurzelt im Unbewußten und manifestiert sich im Körper.)

Menschen erleben ihre vierte Funktion, wenn sie in positiver Weise auftaucht und ihnen mit der Dynamik aus dem Unbewußten zu Hilfe kommt und ihr Leben bereichert. Verheerend und schrecklich aber sind die Folgen, wenn das Unbewußte mit seiner Destruktivität über die vierte, undifferenzierte Funktion bestimmter Menschen in die Welt einbricht.

Unmenschliche Brutalitäten geschehen auch heute in vielen Ländern an einzelnen und vielen, sie können von Amnesty International belegt werden: Verfolgungen, Gefängnis, Konzentrationslager, Folterungen und Morde. Sie sind Ausfluß einer mangelhaften Fühlfunktion bei Menschen vom Denktyp, die während politischer Unruhen plötzlich in Machtpositionen geraten. Ihnen fehlt eine gesunde Wertschätzung menschlichen Lebens, an deren Stelle sich oft eine Mischung von Sentimentalität und kalter Brutalität findet. Einzelne fanatische politische Führer, etwa Hitler, folgen besessen und unkritisch ihren negativen Intuitionen, die für sie – Empfindungstypen – Offenbarungscharakter haben; manchmal führen sie ganze Völker ins Verderben.

Minderwertige Empfindung ist die Achillesferse vieler »zorniger junger Männer« mit besonderen spirituellen Begabungen. Ihre Problematik liegt mir besonders am Herzen, denn sie verkörpern für mich eine innere Bewegung der geistigen Erneuerung, die heute nicht mehr im Raum der organisierten Religion stattfindet, sondern in diesen jungen Männern und Frauen.

»Puer aeternus« ist der Name für Männer, die, als Jugendliche unendlich begabt und begeistert, durchdrungen vom Archetyp der ewigen Jugend, nicht erwachsen werden zu verantwortlichen Bürgern. Psychologen behandeln sie oft wegen ihrer Mutterkomplexe und erreichen, daß sie schließlich Verantwortung übernehmen, oft unter Verlust ihrer ungewöhnlichen geistigen Begabungen.

Der Archetyp der geistigen Erneuerung bewegt sie zum Handeln und besetzt sie; ihre Gefährdung besteht darin, nicht zu wissen, was in sie gefahren ist, sich mit dem Archetyp zu identifizieren und sich selbst für Propheten und Missionare zu halten.

Die Identifikation mit einem Archetypen ist häufig gefährlich inflationär; mancher begeisterte Jugendliche bricht zusammen und landet in einer psychiatrischen Anstalt. Das Unheil bricht über die vierte Funktion herein, in diesem Fall durch mangelhafte Empfindung und einen fehlenden Sinn für die Wirklichkeit.

Diese persönlichen Katastrophen wären vermeidbar, wenn diese jungen Leute begriffen, daß der Archetyp sie benutzt und daß es darauf ankommt, sich nicht mit ihm zu identifizieren. Wichtig für sie ist, an der intuitiven Begabung festzuhalten und zugleich mit beiden Füßen fest auf dem Boden der Realität zu bleiben. Der Wert dieser besonderen Leistung für die Allgemeinheit ist hoch, denn auf diese Weise kann ein geistiges Erwachen für viele Menschen fruchtbar werden. Die Gefahr für die Menschheit im ganzen liegt heute im überentwickelten Denken und dem zugehörigen inferioren Fühlen. Über dieses unbewußte Fühlen bricht die dynamische Kraft des Unbewußten herein, hell und dunkel, Mut, Begeisterung und alle Schrecken beinhaltend.

Dieser Schrecken »packt uns alle in der Nacht«; die Schwachen fliehen zu den Ärzten, die oft Beruhigungsmittel verschreiben. Selbst gewöhnliche Schwangerschaftsbeschwerden müssen heutzutage behoben werden. Die Angstminderung durch Beruhigungsmittel, um die Alltagsgeschäfte ungehindert weiterführen zu können, scheint, oberflächlich gesehen, ein Segen für den leidenden einzelnen zu sein. Eine Ruhigstellung im Augenblick der Krise kann unentbehrlich sein. Was aber geschieht mit der unterdrückten Angst? Wächst sie nicht im Unbewußten mit zunehmender Macht und Gewalt, bis sie eines Tages explodieren muß?

Wenn wir unter Schmerzen leiden, beten wir, selten jedoch in ausgeglichenen, fröhlichen Zeiten. Verzweiflung, nicht ein leichtes Leben, gibt den Anstoß, nach der inneren Wahrheit zu suchen. Vielleicht werden sensible Menschen durch eine medikamentöse Ruhigstellung um ihr Heilwerden betrogen. Das Gegengewicht zu den blinden Massen sind, nach Jung, integrierte Menschen, die die Gegensätze in sich aushalten, die in ihrer eigenen Mitte bleiben und nicht wild von einem Extrem ins andere fallen, die den unerwünschten Gegenpol nicht auf den äußeren Feind projizieren. An wenigen solcher Menschen kann sich die Gewalt eines aufziehenden Sturms brechen; ihre Wirkung ist unabhängig von ihrer Zahl und vom Ausmaß ihres Handelns, ihre heilende Kraft wirkt im Unbewußten, an dem wir alle teilhaben.

Dem Ich, dem alle vier Funktionen zur Verfügung stehen, droht die Überflutung durch das Unbewußte über die unterentwickelte vierte Funktion nicht mehr. Zugleich steht ein solcher Mensch mit seiner vitalen Mitte in Berührung, sie bewirkt Heilung.

. Das Annehmen des Schattens bedeutet, Verantwortung für das eigene Verhalten zu übernehmen, jedoch nicht unbedingt die Erlaubnis, alles, was wir dort finden, auszuleben und umzusetzen. Selbsterkenntnis und Wachsamkeit sind nötig, den Schatten nicht unbemerkt ausbrechen zu lassen. Und im Notfall muß ich ihn zurückrufen, Abbitte leisten und zugeben, daß dieser unbändige Schatten zu mir gehört.

Ich bin, was ich tue, nicht das, was ich denke oder sage: Ich bin mein Handeln. Handeln ist das Geschehen eines inneren, unsichtbaren Prozesses, den wir »Sein« nennen. Die Qualität meines Seins ist vom Wert meines Handelns und Einflußnehmens abhängig.

Manchmal ist es klug, den eigenen Schatten bewußt einzusetzen. Wut ist eine Schattenqualität in unserer wohlerzogenen Gesellschaft, doch gezielter Ärger kann Berge versetzen. Ich habe beobachtet, wie ein kleiner Junge voller Wut auf einen spanischen Eseltreiber losging und ihn anschrie: »Ich will nicht, daß du die Esel schlägst!« Der Mann hielt erstaunt an, drehte sich nach seinen Leuten um und teilte ihnen verlegen mit: »Master Johnny sagt, wir dürfen die Esel nicht schlagen.« Und ab diesem Tage blieben die Esel ungeschlagen, dank des Zorns eines kleinen Kindes, spontan und korrekt eingesetzt.

Jesus machte seinem Ärger über die Wucherer im Tempel Luft. Er wußte, was er tat. Auch für uns ist es notwendig zu wissen, was wir tun. Ärger schafft der unversehens zutage tretende Schatten.

Hartherzigkeit ist eine andere Schattenqualität; Menschen, die unbewußt und unbeabsichtigt im Leben hart sind, schaffen sich selbst und anderen Verletzungen und viel Leid. Doch es gibt Augenblicke, in denen der Gebrauch des eigenen harten, unnachgiebigen Schattens notwendig ist, um die Situation zu retten. Es geht darum, den Schatten manchmal wirksam einzusetzen und nicht sein Opfer zu sein.

Wenn wir unserer sicher sind, gelingt es uns, den Schatten spontan, zur rechten Zeit und am rechten Ort zu gebrauchen, im Sinne des chinesischen Sprichworts, »wenn der falsche Mann die rechte Sache tut, gelingt sie doch nicht, und wenn der rechte Mann das Falsche tut, wendet sich alles zum Guten.« Es gehört mehr als Bewußtsein dazu, der rechte Mann zu sein, nämlich auf sich selbst zentriert zu sein.

Das Leben besteht unerbittlich darauf, gelebt zu werden, alle unsere ungelebten Anteile müssen von einem anderen gelebt werden. Wenn wir den eigenen Schatten nicht annehmen, erlegen wir unseren Kindern die Last unseres unentwickelten Potentials auf. Wir leugnen unsere Talente, und sie werden stellvertretend mittelmäßige Wissenschafter oder Künstler. Manchmal werden sie Ärzte ohne wirkliche Eignung, weil wir unsere heilenden Fähigkeiten vernachlässigten, oder unfähige Politiker, um unseren ungelebten Ehrgeiz zu erfüllen. Unser Beziehungsgefüge geht über die Familie hinaus. Wir alle begegnen uns im Unbewußten. Manche Menschen werden zu Mördern, weil sie sich des mörderischen Schattens einer ganzen Gesellschaft nicht erwehren können. Es gäbe weniger Morde, wenn jeder von uns vor sich selbst zugeben würde, wie leicht er töten könnte. In Kriegszeiten erklären wir die eigene gelebte Brutalität für eine Notwendigkeit; in Friedenszeiten vergessen wir sie, unser aller Schatten belastet einen Schwächeren, und er wird buchstäblich für uns alle gehenkt.

Der lichte Schatten der Frau wird uns ausführlich in einem späteren Kapitel beschäftigen, hier will ich zunächst vom gefährlichen und zerstörerischen Schatten der Frau sprechen, von der Hexe. Alle Frauen, die den Kontakt mit dem Unbewußten nicht verloren haben, haben mit Macht Berührung. Macht an sich ist weder gut noch böse, es kommt auf ihre Richtung an.

Die Lebenskraft, die durch die Frau aufsteigt, ist gewaltig, und es ist gleichgültig, ob sie den biologischen Weg oder andere Kanäle findet. Heute wird viel über die unterdrückenden Eigenschaften der Frau gesprochen. Wir können andere unterdrücken, wenn wir unsere Energien ohne Maß und Unterscheidung auf sie verströmen.

Wenn eine Frau ihre weibliche Macht für ihre eigenen Zwecke mißbraucht, wird sie wahrlich zur Hexe. Ganz tief im Verborgenen lauert in jeder Frau eine Hexe, es ist unsere Verantwortung, auf sie achtzugeben.

Vielleicht ist das heute notwendiger denn je. Die tief verborgene Weiblichkeit der Frau rebelliert gegen unsere verdummende, zerstörerische, anonyme Zivilisation und verzehrt sich selbst in ohnmächtiger Wut; so wird das Feminine auf gewalttätige oder subtil passiv blockierende Weise destruktiv: Es wird zur Hexe. Sind wir uns dieser Möglichkeiten mehr bewußt, können wir unseren weiblichen Zorn kreativ einsetzen.

Ich habe drei Ebenen unserer Verantwortung angesprochen. Wir müssen unseren nationalen Schatten sehen und als unseren eigenen anerkennen, statt ihn auf andere Länder zu projizieren.

Der wichtigste Beitrag liegt auf der Ebene der persönlichen Schatten, der dunklen und der hellen. Der einmal bewußt gewordene dunkle Schatten kann eingedämmt werden, und seine Dynamik kann ihre Richtung ändern. Und der helle Schatten unseres schlafenden Potentials will gelebt sein, er wird für uns und für die Allgemeinheit gebraucht.

Verborgen in der Tiefe liegen die weiblichen Schatten, die zerstörerische, machtbesessene Hexe und unsere eigene weibliche unbewußte Geistigkeit; auch sie braucht eine Stimme.

Unsere persönliche Verantwortung für die Welt scheint winzig klein zu sein, sie ist es auch. Möglich und erreichbar ist, die Verantwortung für die eigenen hellen und dunklen Schatten zu tragen. Diese Aufgabe erfordert lebenslängliches Bemühen, Mut und Entschlossenheit. Unter der Oberfläche sind alle Menschen miteinander verbunden. Vielleicht können die kleinen Kieselsteine unseres Bewußtseins Wellen an den nächsten Strand werfen.

Der Mann und Held

In meiner Nachbarschaft legten vor zwei Jahren zwei Buben eine private Telefonleitung von Haus zu Haus, quer über die Straße hinweg. Selbst die Eltern waren begeistert, als es den beiden gelang, den Draht mit einer Schleuder von Dach zu Dach zu schießen. Seither ist dieses illegale Telefon ständig im Gebrauch und spart nebenbei auch Telefongebühren.

Eines Tages kamen die beiden vierzehnjährigen Burschen hell begeistert aus der Stadt heim. »Wir haben ein Tauschgeschäft mit der Telefongesellschaft gemacht«, sagten sie und zeigten stolz ein neues Mundstück vor. »Was heißt Tauschgeschäft«, wollten die Eltern wissen. »Wir haben es gegen unser altes ausgetauscht, das nicht gut funktionierte.« Die Eltern wurden unruhig: »Wer hat es euch gegeben?« – »Niemand hat es uns gegeben, wir haben es uns in einer Telefonzelle genommen und unseres dafür eingesetzt. Es arbeitet, wir haben es getestet. Sie haben stärkeren Strom als wir, sie können sich schwächere Apparate leisten. Ihnen macht es nichts, und für uns ist es ein großer Unterschied.«

Die Eltern waren in der Zwickmühle: Wie konnten sie ihre Mißbilligung zeigen, ohne zugleich zu stark zu entmutigen? Sie verhielten sich geschickt und taktvoll.

Für mich kam dieser Zwischenfall einem Geschenk gleich. Ich verstand plötzlich, wie fein die Grenzlinie zwischen jugendlichen Helden und Rechtsbrechern ist. Die Jungen hatten ein Unternehmen mit viel Geschick in aller Öffentlichkeit durchgeführt. Für sie überwog der Reiz der Gefahr alle Bedenken. Und ich gebe zu, daß mir die Sache auch Spaß gemacht hätte. Die Jungen haben das Zeug in sich, Kriminelle oder Helden zu werden, je nach den Herausforderungen, die das Leben ihnen stellen wird. Diesen beiden steht ein angemessener kultureller Hintergrund für ihr Heldentum zur Verfügung.

Viele aber sitzen ihre ganze Adoleszenz hindurch voller Langeweile in engen Schulbänken und bemühen sich, das Lernen von Dingen, die sie nicht interessieren, zu vermeiden; jegliche Herausforderung bleibt ihnen vorenthalten. Das Verlangen, aus eigener Kraft etwas auf die Beine zu stellen, ist bei den meisten erstickt, wenn sie die Schule verlassen.

Die Starken und Phantasiereichen aber treibt es zu mutigem Handeln. Sie müssen Helden sein. Ohne ein gewisses Heldentum fühlt ein Mann sich nicht als Mann. Der Held in ihm macht ihn erst wahrhaftig männlich.

Die Gesellschaft beklagt sich bitter und selbstgerecht über Kriminelle; sie sind die gestrauchelten Helden, die kein rechtes Ventil fanden. Besser, einen Zug auszurauben, als ein Niemand zu bleiben. Besser, die eigene Kühnheit in einer Bande zu beweisen, als ein anonymes, langweiliges Leben zu führen. Selbst die Impulse zu Mord und Vergewaltigung können in dem Bedürfnis, ein Held zu sein, wurzeln.

Wollen wir schwerwiegende Fehler vermeiden, müssen wir diesen Heldenimpuls im Mann besser verstehen. 1963 gab es einen Spionagefall, in dem Heroismus für Kriminalität gehalten wurde. Ein italienischer Atomphysiker wurde unter dem Verdacht festgenommen, den Russen wichtige Informationen zu liefern. Seine Arbeit war nicht geheim, und er hatte keine Geheimnisse weiterzugeben. Schließlich stellte sich heraus, daß für den Mann die Gefahr eine Faszination war. Während des Krieges hatte er in der italienischen Widerstandsbewegung gelernt, auf sich selbst gestellt und aus eigener Initiative gegen eine organisierte Armee zu handeln. Jetzt hoffte er, ein Spion für die Russen zu werden, um schließlich als Doppelagent ihr Spionagenetz für die englische Regierung aufzudecken.

Richter und Ankläger wollten einem Mann seiner Intelligenz soviel Naivität nicht abnehmen, die Russen im Alleingang überlisten zu wollen. Sein Leben hing an einem seidenen Faden; würde das Gericht imstande sein, die Bedeutung des Heldenarchetyps zu begreifen? Die Geschworenen zeigten Verständnis und sprachen ihn gegen richterliche Weisung frei.

Worin besteht die Bedeutung des Heldenarchetyps für den Mann? Wahrscheinlich verdanken wir ihm unser Auftauchen aus der Ebene des Tierreichs. Dieser besondere instinktive Trieb befähigte den Mann, die Behinderungen durch die Natur zu überwinden, sein Wissen zu erweitern und die Kräfte und Geheimnisse der Natur für sich zu nutzen. Jede neue Meisterung der Kräfte der Erde ist eine Heldentat, so wie jede neue Entdeckung im Weltraum und im Atom. Der Impuls, Schwierigkeiten und Gefahren zu überwinden, ist Teil der psychischen Struktur des Mannes.

Heldentum ist nicht nur männliche Kühnheit gegenüber äußeren Gefahren. Der Kampf um die Erweiterung des Bewußtseins verlangt ebensoviel Mut. Der Held mit den tausend Gesichtern ist doch immer der eine sich seines Heldseins bewußte Mann. Sein Kampf um Bewußtsein ist der ewige Kampf des Sohnes, der sich von der Großen Mutter löst. Wir täuschen uns leicht über das Ausmaß unseres Bewußtseins und unserer bewußten Kontrolle über unser Leben. Das Ich des Menschen, das er mit soviel Mühe über die Zeiten hin entwickelt hat, ist anfälliger, als uns lieb ist. Das Streben nach Bewußtsein verlangt heroische Fähigkeiten. Dieser Kampf ist lang, seit Jahrtausenden im Gang, und sein Ende ist keineswegs abzusehen.

Ich habe Kindern zugeschaut, wie sie sich darin übten, Gefahren standzuhalten. Meine Kinder stellten sich einen Löwen auf der Lauer vor, unter dem Sofa, auf dem dunklen Treppenabsatz; auf ihren Gesichtern stand die blanke Angst, während sie auf der Flucht vor ihm die Treppe hinuntersausten in die beleuchtete Halle. Kaum fühlten sie sich sicher, krochen sie wieder treppauf, um den Löwen erneut herauszufordern. Sie brauchten die Begegnung mit der Angst und mit der Gefahr, um ihren Mut zu erproben.

Es war die winzige Wiederholung eines ewigen Vorbilds. Theseus bestand darauf, gegen den Wunsch und Willen seines königlichen Vaters einer unter jenen zwölf Jünglingen und Jungfrauen zu sein, die ausersehen waren, dem Minotaurus zu begegnen. Es war seine Bestimmung, zum Helden zu werden und das gefürchtete Ungeheuer zu erschlagen.

Auch im heutigen Mann haust noch der Geist Davids, des Hirtenbuben, der Goliath allein erschlug. Die Geschichte ist eine lange Prozession von Helden, die Tyrannen und alte Gottheiten überwältigten, von Prometheus, der den Göttern das Feuer stahl, bis zu den Revolutionären heute, die sich gegen alte Traditionen auflehnen.

In alten Zeiten dienten rituelle Tänze vor der Jagd und vor dem Kriegszug den Männern zum Sammeln ihrer Kräfte. Wir haben unsere Energien zu fokussieren gelernt, und wir können ein Ziel oder einen Gedanken mit einiger Kontinuität verfolgen, ohne in Lethargie zurückzusinken. Aber Lethargie ist eine ständig lauernde Möglichkeit – die Politiker trommeln und hauen auf die Pauke, um uns zum Kriegszug zu bewegen.

Gewiß ist der Mensch von einem Stammesbewußtsein zu einer individuellen Verantwortung gelangt. Doch dieser Prozeß ist verletzlich, und es besteht die Gefahr, in neue Formen der Kollektivität abzugleiten.

Der Mensch ist von der Großen Mutter des kollektiven Unbewußten aufgestiegen, und unversehens verfällt er der Großen Mutter der Wohlstandsgesellschaft, deren Amme der Wohlfahrtsstaat ist. Der Mensch ist nicht viel mehr als eine Nummer. Die Maschinen machen seine Geschicklichkeit überflüssig. Seine persönliche Verantwortung schrumpft mit dem Größerwerden der Organisationen.

Er wird von der Kollektivität aufgesogen und ist ebenso gefährdet wie ein Kind, das nach begonnener Entwicklung zur Persönlichkeit regrediert. Es ist in Gefahr, ein gut dressierter, effizienter, unpersönlicher Automat zu werden.

Gegenüber dieser Gefahr sind Helden einer ganz neuen Art notwendig. Es fehlt ja nicht an Helden, die die Erde umkreisen, zum Mond reisen und die höchsten Berge besteigen. Wir hören täglich von äußerem Heldentum. Sieben Männer boten sich einmal an, einen engen Schaft siebzig Meter tief in die Erde hinabzugehen, um eingeschlossenen Bergleuten in einer überfluteten Mine zu helfen. Schon ein Kind riskiert sein Leben, um ein anderes zu retten. Wir leben in einer extravertierten Welt, nach außen orientiert, und die innere Welt mit ihren lebenden Bildern, Schätzen und Schrecken ist fast vergessen. Wir unterdrücken unsere natürliche Furcht vor dieser inneren Welt und projizieren sie auf den politischen Feind oder auf eine finstere Gestalt unter unseren Bekannten.

Wir haben keine Medizinmänner mehr, die für uns die Geheimnisse des Unbewußten aufspüren und mit ihrem rituellen Zauber bannen. In der Vergangenheit schützten uns die Kirchen; sie haben diese Macht verloren. Die tatsächlich immer drohende Gefahr aus dem Unbewußten haben wir für ungültig erklärt und beschweren uns über wahnhafte Verfolgungsideen.

»Der Mann und Held« ist das Thema dieses Kapitels. Ist er als Mann oder als Mensch zu verstehen? Ich meine den Mann, das aktive Geschlecht der menschlichen Rasse, der die Weite des Himmels und der Erde erforscht hat und die Winzigkeit der unsichtbaren Teile. Er erlangte zuerst Bewußtsein, wurde der Architekt der modernen Kultur. Das Bewußtsein der Frau ist hingegen eine sehr junge Erwerbung.

Die Frau schläft nicht mehr, und die Welt ist unruhig geworden. Die Geschlechtsrollen haben ihre Eindeutigkeit verloren. Es herrscht Unsicherheit über die Weiblichkeit der Frauen und über die Männlichkeit der Männer.

Die Frauen emanzipierten sich, als sie den Helden in sich fanden. Mit seiner Hilfe überwanden sie alle Hindernisse auf dem Wege zur Gleichberechtigung: Gesetze, Traditionen und die Widerstände des eigenen und des anderen Geschlechts.

Die Einstellung der Frauen dem Helden gegenüber änderte sich im Lauf der letzten siebzig Jahre. Vor dem Ersten Weltkrieg war Heldentum eine reine Männersache. Männer kämpften, und Frauen weinten. Nach der unausgesprochenen allgemeinen Erwartung hatte ein Mann ein Held zu sein, und wenn er es nicht war, so stimmte etwas nicht mit ihm. Die Frauen projizierten ihre eigene unbewußte Feigheit und ihr latentes Heldentum auf die Männer.

In der Zeit zwischen den beiden Weltkriegen gewannen die Frauen zum großen Teil ihren Kampf um die Gleichberechtigung. Dabei erfuhren sie, daß sie äußerem Druck standhalten und selbst Helden sein konnten, und bei Ausbruch des Zweiten Weltkriegs waren die Frauen bereit, ihren Platz an der Seite der Männer einzunehmen.

Die neue Frauengeneration ist mit den Männern durch eine neue Bewußtseinserweiterung gegangen. Die jungen Leute heute beginnen auf einer Bewußtseinsebene, die ihre Eltern mühsam erreichten.

Anders als in der Vergangenheit projiziert die Frau heute ihren latenten Helden nicht mehr auf den Mann; sie hat jedoch die alte Erwartung, daß er ein Held sein sollte, noch nicht hinter sich gelassen.

So leidet der Mann doppelt. Ihm fehlt die Unterstützung der Frau, mit der er wetteifern muß, er fühlt sich entmachtet und nicht imstande, ihre Erwartungen zu erfüllen. All dies widerfährt ihm, während er gerade seine eigene sensible, weibliche Seite entwickelt.

Der sanfte, verstehende Mann, ohne jedes Heldentum, ist einer Frau oft Anlaß zu einer unvernünftigen Verzweiflung, solange sie nicht begreift, daß moderne Männer in der Mehrzahl keine Helden sind und daß sie den Helden in sich selbst finden muß, wenn sie auf Helden nicht verzichten kann.

In seinem Essay ›Die Frau in Europa‹ stellt Jung fest, daß der Mann in seinem Streben nach Bewußtsein nicht weiterkommen kann, solange die Frau ihn nicht eingeholt hat. Das schrieb Jung vor dem Zweiten Weltkrieg, und inzwischen hat die Frau gewaltig aufgeholt. Ihre Aufgabe ist zweifach: Sie muß ihre männliche Fähigkeit des Fokussierens entwickeln, um dann mit diesem neugefundenen Licht die eigene geheimnisvolle Weiblichkeit auszuleuchten und sich bewußt zu machen.

Der erste Teil der Aufgabe entspricht der des mythologischen Helden, der sich von der Großen Mutter befreit, indem er sein Ich und seinen eigenen Willen entwickelt. Die Frau hat diesen Schritt zum Teil vollzogen, und jetzt kommt sie in die Gefahr, die männlichen Werte als ihre eigenen anzunehmen.

Im zweiten Teil muß sie mutig in ihre weibliche Natur eintauchen und die eigenen weiblichen Werte bergen. Wenn ihr auch dieser Schritt gelungen ist – und das geschah bisher selten – und sie ihre wahren Werte kennt, dann liegt eine weitere Aufgabe vor ihr. Sie muß fest zu ihrem wahren Selbst stehen, so daß ihre Werte als ein Gegengewicht zum einseitig materiellen Fortschritt in die Gesellschaft eindringen können.

Männliche Helden sind extravertiert. Ich bewundere ihre Imagination, ihre Fähigkeiten, der Natur ihre Geheimnisse zu entlocken, und ihren unglaublichen Mut. Doch mir bleibt die Frage, ob die Erforschung des Mondes vielleicht der äußere Aspekt eines dringenden inneren, noch unbewußten Problems ist, nämlich die Erforschung des unvorhersagbaren Zwielichts der weiblichen Natur des Mannes.

Die moderne Erziehung fördert ausschließlich Helden auf den Gebieten der wissenschaftlichen Entdeckung und der Eroberung des Weltraumes.

Wir brauchen Helden anderer Art. Immer gab es Reformer, die gesellschaftliche Mißstände bekämpften, doch mit der kollektiven Anonymität sind aus unseren Reformern unpersönliche Vereinigungen geworden. Jetzt gibt es auf diesem Gebiet wenig Raum für persönliches Heldentum, denn wir verlassen uns auf die statische Macht der Zahl, nicht auf die dynamische des Heldenarchetyps.

Im Individuum selbst kann der Archetyp des Helden voll ins Spiel kommen. Für die mutige Abkehr von unserer angenehm-harmlosen Persona-Maske, die wir sorgsam kultivieren und manchmal selbst für echt halten, sind alle Qualitäten eines Helden notwendig; denn wir wissen nicht, was wir unter der Maske finden; vielleicht verbergen sich dort Grausamkeit, Herrschsucht, Machtgier. Vielleicht versteckt sich unter unseren wohlmeinenden, sanften Gesten eine machtbesessene Hexe, die finstere Pläne schmiedet. Hier drinnen, hier in mir, ist der Ort, dem Bösen angemessen zu begegnen.

Unter den jungen Menschen heute gibt es innere Helden, die an einer gewissen spirituellen Qualität zu erkennen sind. Sie setzen ihre Vision in der materialistischen Welt durch, in der sie leben, und sie ertragen die Spannung der Gegensätze in sich, ohne als Reformer und Prediger die Spannung nach außen zu tragen.

Ihre Aufgabe ist so schwierig, weil die Gegensätze unendlich weit voneinander entfernt sind, und viele dieser jungen Helden scheitern. Manchmal begegnen wir einem jungen Mann oder einer jungen Frau mit leuchtenden, sehenden Augen, und dann verlöscht das Licht unter dem Ansturm der Alltäglichkeiten, sie beginnen das Rennen in der Tretmühle und sind von anderen »Läufern« nicht mehr zu unterscheiden.

Ebenso tragisch und verloren sind die Helden, die unter der Macht ihrer Vision und der Drohung der Gesellschaft zusammenbrechen, unerkannt und unverstanden. Ihre Vision wird als Krankheit behandelt. Niemand hilft ihnen, ein Ventil für ihre Energien zu finden.

Nur wenigen gelingt die ungeheure Aufgabe, beides zusammenzuhalten, die klare Vision und die Stellung in der alltäglichen Welt.

Sie sind die wahren Helden heute. Manche von ihnen bleiben unerkannt, unsichtbar und ohne jede Anerkennung, niemand sieht ihren Kampf. Andere übergehen die Mißbilligung ihrer Mitmenschen und Nachbarn mit einem Schulterzucken und weichen nicht um Haaresbreite von ihrem inneren Standort ab. Weil ihre Ziele für die anderen unsichtbar sind, werden sie mißverstanden, als Ausgeflippte gebrandmarkt und für realitätsflüchtig gehalten.

Frauenrollen – die Frau als Mittlerin

Für den Mann hat der Archetyp des Helden besondere Bedeutung. Als Frau bin ich jedoch mehr an der Psychologie der Frau interessiert. Ich frage mich, inwieweit sich ihre Rollen von denen des Mannes legitim unterscheiden.

Manche Zeitgenossen behaupten, daß es eigentlich wenig Unterschiede zwischen den Funktionen eines Mannes und denen einer Frau gibt, abgesehen von ihren biologischen Rollen. Nach Simone de Beauvoir schaffen einzig und allein Erziehung und Vorurteile eine künstliche Unterscheidung.

Ich sehe das anders. Ich gehe nicht von einer Theorie aus, sondern von meinen Beobachtungen, besonders auch von meinen Beobachtungen in Spanien. Dort, in einer weitgehend matriarchal geprägten Kultur, war mir mehr Kontakt mit dem Unbewußten der Frau möglich als andernorts.

Es ist schwierig geworden, von den charakteristischen Merkmalen des Mannes und der Frau zu sprechen. Frauen entwickeln ihre männliche Seite, und Männer stehen mit ihrer inneren Weiblichkeit in Kontakt. Dennoch sind Frauen im Grunde immer noch feminin und Männer maskulin, und in diesem Sinne will ich im folgenden von Männern und Frauen sprechen. Dabei ist mir durchaus bewußt, daß die Verhältnisse im Einzelfall anders liegen können. Ich spreche über die Situation im Westen, insbesondere in England.

Gegen Ende des Ersten Weltkriegs entstand für viele Menschen der Eindruck, daß Kriege und ihre Verheerungen die Folgen einer maskulinen Kultur seien, und sie erwarteten, daß das Eintreten von Frauen in führende Positionen die Welt angenehmer, die Zivilisation menschlicher und Kriege unmöglich machen würde.

Vierzig Jahre später waren Frauen in alle gesellschaftlichen Bereiche eingedrungen, und die Welt war gequält wie zuvor.

Frauen machen Männern auf allen Gebieten erfolgreich Konkurrenz, und doch haben sie weniger kreative Imagination. Es fehlen ihnen der Mut zum Abenteuer und die Bereitschaft, sich voll für eine Sache einzusetzen, Eigenschaften, die den Mann auszeichnen. In die größere Welt scheinen die Frauen ihr weiblich begrenztes

Gesichtsfeld hineinzutragen, das sich seit undenklichen Zeiten auf die Beziehung einer Frau zu *ihrem* Mann und *ihren* Kindern beschränkt. Frauen kümmern sich nicht ohne weiteres um vietnamesische Kinder und um Konzentrationslager, die nicht unmittelbar vor ihren Augen liegen.

Die großen Freunde der Menschheit waren fast alle Männer: Christus, Franziskus, Gandhi. Und die großen Frauen der Geschichte, Johanna von Orleans, die heilige Teresa von Avila, Florence Nightingale, lebten ihre starken männlichen Seiten.

Die Frau ist in die Welt des Mannes eingedrungen, doch sie hat sie nicht erneuert, sondern mit ihrer Kleinlichkeit verseucht, mit ihrer Gleichgültigkeit, ähnlich der Gleichgültigkeit eines Baumes, der sich nur um sein Wachsen und um seine Früchte kümmert und nichts vom Wald als ganzem weiß.

Zu dieser Situation trägt das zunehmende Gewicht der Weiblichkeit in der Psyche des Mannes bei. Das Männliche in der Frau ist weniger kreativ als das im Mann, und entsprechend ist dem Weiblichen im Mann weniger an den Werten des Lebens und der Beziehung gelegen als dem Weiblichen in der Frau. Er adoptiert eher ihre Sanftheit als ihre Stärke, eher ihre Eitelkeit als ihre Fähigkeit zu geben.

In unserer Übergangszeit neigen Männer und Frauen dazu, die weniger vitalen Merkmale des anderen Geschlechts zu übernehmen und zugleich die Verbindung zu dem eigenen Fundament zu verlieren. Über ihrem Streben nach Karriere und wirtschaftlicher Unabhängigkeit haben viele Frauen vergessen, daß ihnen dem Mann gegenüber eine ganz besondere Rolle zukommt, nämlich dem Mann – neben der Teilhabe an seinen intellektuellen Interessen, neben der Sorge für seine Mahlzeiten, neben der Mutterrolle für seine Kinder und neben der sexuellen Partnerschaft – Mittlerin zu seiner kreativen Inspiration zu sein und ein Kanal, über den die Reichtümer seines eigenen Unbewußten ihm zufließen können.

Zur Zeit sind die jungen Männer selbstunsicher, nicht die jungen Frauen. Sie fühlen sich durch die Konkurrenz der Frauen in ihrer männlichen Rolle bedroht, und sie kennen den nächsten Schritt ihrer eigenen Entwicklung noch nicht. Die jungen Frauen erfahren Auftrieb durch ihren neugewonnenen Status. Sie sind weiterhin Frauen und Mütter, und sie sind erfolgreich in der männlichen Welt. Sie nehmen nicht wahr, wie verletzlich auch Männer sind!

Ein Mann braucht es, daß seine Frau an ihn glaubt und seine Visionen mit Wärme und Behutsamkeit annimmt wie sein Kind.

Er erwartet von ihr, in seiner persönlichen Einmaligkeit anerkannt zu werden. Er will mehr als der Mann im Haus sein, der Ehemann, der Geldverdiener, der, der Geschirr spült. Sein Bedürfnis, daß sie ihm vertraut, ist vielleicht noch größer als sein Bedürfnis nach ihrem Verständnis. Er braucht es, daß sie an ihn glaubt und seine Arbeit für wertvoll hält, auch wenn sie sie nicht versteht.

Und er braucht sie und ihren Ausdruck ihrer selbst. Er muß ihr tiefes Selbst kennenlernen, nicht ihre Meinungen, die sie in Elternhaus, Schule und Zeitung aufgelesen hat, sondern ihr wirkliches Selbst. Nicht viele Frauen können ihrem Mann das geben.

Die Frau braucht für ihre Vermittlung zum Maskulinen, zu dem Mann in ihrem Leben oder zum Mann in sich, nicht Sprache, sondern Bewußtsein. Wortlos beeinflußt eine Frau ihren Mann durch vermehrtes Bewußtsein, und tiefe Verständigung geschieht im Schweigen.

Um ein volles Bewußtsein ihrer selbst zu entwickeln, braucht eine Frau jedoch eine gewisse verbale Ausdrucksfähigkeit. Erst wenn wir es auch ausdrücken können, wissen wir etwas wirklich, doch die meisten Frauen sind unglaublich unbeholfen und ungeschickt, gerade jene Dinge auszusprechen, die ihnen wirklich am Herzen liegen. Das gilt ganz besonders für gebildete Frauen, sie gerade nehmen diese eigene Unfähigkeit am geringsten wahr.

Die wenigsten Frauen erkennen, wie wenig sie ihrem wirklichen Selbst Ausdruck geben. Sie reden in Schlagworten daher, sie übernehmen die Prinzipien des Mannes ohne seine Flexibilität, sie kämpfen wie er, doch ohne sein Mitgefühl. Eine verbissene Frau ist einmalig in ihrer Skrupellosigkeit.

Unsere Erziehung führt uns in ein Dilemma. Frauen werden erzogen, männliche Werte blind zu akzeptieren. Schulen und Universitäten entsprechen den Bedürfnissen aufwachsender Jungen, die Mädchen haben sich den bestehenden Institutionen angepaßt. Sie übernehmen die männliche Überschätzung des Denkens und des Sports. Sie adoptieren die Einstellung, daß mathematische Fähigkeiten über die Intelligenz und Erfolge auf dem Spielfeld über die körperliche Vollkommenheit entscheiden. Aus diesen falschen Annahmen stammen viele Minderwertigkeitskomplexe.

Zum anderen sind Frauen im ganzen stärker auf ihre Biologie

hin orientiert, als sie zugeben mögen, und das unterminiert ihre moderne Erziehung.

In der großen Mehrzahl sind Frauen noch immer Hausfrauen und Mütter, und ihrer Kinder wegen wollen sie Sicherheit, materiellen Wohlstand und sozialen Status. Die Frau ist zum Mittelpunkt geworden, um den sich die Wohlstandsgesellschaft dreht. Mehr als ihre Stimme zählt ihre Kaufkraft. Die Werbeagenturen beuten diese Tatsache weidlich aus. Sie, die Frau, schreibt den materiellen Lebensstandard hoch, sie sucht immer neue Geräte, um sich die Arbeit zu erleichtern, und sie merkt nicht, daß sie damit ihren Mann fester an seine Tretmühle bindet – die ihm so zum Hals heraushängt –, die Abzahlungen und monatlichen Rechnungen zu begleichen. Sie sucht ihr Heil gegen den Streß in wieder einem neuen Gerät, nie in Einfachheit.

Sicherlich ist sie überlastet; doch sie versteht nicht, woran ihr Mann krankt, und sie sieht nicht, wie schwer sie ihn belastet. Ihr ist nicht deutlich, daß sie ihm vorenthält, was er braucht. Ihre aktive Leistung, kreativ für sich selbst und ein Faktor im Wirtschaftsleben zu werden, wiegt ihr Versagen an ihm nicht auf, sie versagt sich ihm als Mittlerin, sie versagt ihm ihre Mithilfe bei seiner Selbstfindung. Für diese Rolle braucht es ihren natürlichen Kontakt mit dem Unbewußten, der ihre unmittelbare Verantwortung ist.

Das Gleichnis von den weisen Jungfrauen, die Öl in ihren Lampen für die Ankunft des Bräutigams bereithalten, spricht von einer geistigen Basis der Weiblichkeit.

Wer im Mittelmeerraum gelebt hat, kennt die tiefe symbolische Bedeutung des Öls. In harter Arbeit wird das Öl aus der bitteren, ungenießbaren Olive gepreßt, der Frucht des wildwachsenden, scharf zurückgeschnittenen Baumes. Das Öl wird im Wasser gereinigt, und wenn es grüngolden an die Oberfläche steigt, ist es Grundnahrungsmittel und Brennstoff für die Menschen. Es ist kein Zufall, daß Könige mit Öl gesalbt wurden, dem Zeichen für Verwandlung. Und eine Frau braucht Öl, um es jederzeit in ihrer Lampe bereitzuhalten.

Öl steht für eine geistige Einstellung, die einer Bereitschaft für Beziehung in allen Lebensbereichen entspricht, mit Gott, mit einem anderen Menschen, mit einem singenden Vogel und mit dem eigenen inneren männlichen Gegenpart. Öl bedeutet die weibliche Bereitschaft für Begegnung.

Die weibliche Aufgabe, das Öl in der Lampe bereitzuhalten, hat zwei Aspekte. Ein Mann braucht von der Frau in seinem Leben ihre Bereitschaft zur Begegnung. Darüber hinaus aber steht Öl für die geistige Weiblichkeit als Teil der Ganzheit ihrer Psyche. Sie ist Ausdruck einer geistigen Einstellung des Wartens, Hegens und Pflegens und einer Bereitschaft, dem eigenen Gegenpol zu begegnen; diese Einstellung ist die Voraussetzung für das Erlangen einer inneren Ganzheit.

Ohne ihr »Öl« fällt sie der eigenen inneren Männlichkeit zum Opfer, sie wird eine ruhelos getriebene Besessene, die sich in alle möglichen Aktivitäten stürzt und zu der kein Mann in Beziehung treten kann.

Doch wenn es ihr gelingt, das Öl in der Lampe bereitzuhalten, braucht es nur noch den männlichen Funken, eine lebendige Flamme zu entzünden, die in einer menschlichen Welt leuchten kann.

»Liebe« nennen wir die Flamme, die sich unserem menschlichen Wollen und unseren Anstrengungen entzieht; sie entzündet sich und erleuchtet unser Leben, wenn die Gegenpole sich begegnen.

Liebe kann bei einer Begegnung zwischen zwei Menschen entstehen, sie kann aber auch aus jemandem hervorleuchten, geboren aus einer inneren Ganzheit. Das Männliche und das Weibliche können sich natürlich gleichermaßen innerhalb eines Mannes oder innerhalb einer Frau begegnen, gewiß aber wäre innere Ganzheit für Männer leichter erreichbar, wenn wir Frauen unsere Mittlerrolle für sie übernähmen.

Frauen brauchen in erster Linie die Berührung mit den Quellen des Lebens, mit der ungebrochenen Verbundenheit unter allen Lebewesen und mit der ewig dauernden Folge von Frühling, Sommer, Herbst und Winter und wieder einem neuen Frühling.

Jeder Wiedergeburt des Lebens geht ein Tod voraus. Die Eichel stirbt, und die Eiche entsteht. Das Mädchen stirbt mit der Geburt des Kindes, um eine Mutter zu werden. Auf geistigem Gebiet zieht jede auftauchende neue Idee den Tod einer überholten nach sich. Unsterblichkeit kann nur durch den Tod erlangt werden.

C. G. Jung verweist auf das Gefühl der Kontinuität zwischen Müttern und Töchtern: »Man könnte deshalb sagen, daß jede Mutter ihre Tochter, und jede Tochter ihre Mutter in sich enthalte; jede Frau aber nach rückwärts in die Mutter und nach vorwärts in die Tochter sich erweitere. Aus dieser Partizipation und Vermischung entsteht jene Unsicherheit in bezug auf den Zeitmoment: Als Mutter lebt man früher, als Tochter später. Durch das bewußte Erleben dieser Verbindungen entsteht ein Gefühl der Ausdehnung des Lebens über Generationen: ein erster Schritt zu der unmittelbaren Erfahrung und Gewißheit der Enthebung aus der Zeit, was ein Gefühl der Unsterblichkeit bedeutet.«[*]

Frauen, die ihren Kontakt mit diesem unterschwelligen Gefühl der Zeitlosigkeit verlieren, untergraben auch ihrem Mann das Gefühl für die Sinnhaftigkeit des Lebens. Der Mann in seiner Vernunft verläßt sich darauf, daß die Frau die Beziehung zum Irrationalen aufrechterhält, bis er sie für sich selbst gefunden hat. Was haben wir Frauen nur angerichtet, als wir ihm blind in sein Vernünftigsein hinein gefolgt sind?

Das Pendel in der westlichen Welt ist zu weit in die männliche Richtung ausgeschwungen, in die Richtung des Auseinanderhaltens, des Entdeckens und des Schaffens um des Schaffens willen; die Gefahr ist groß, daß auch die Frauen das Gefühl für die Bezogenheit aller lebenden Wesen untereinander und ihr kosmisches Bewußtsein verlieren und an ihre Stelle männliche Werte setzen. Auf diese Weise geht das notwendige Gleichgewicht zwischen einander entgegengesetzten Kräften verloren. Es ist unerläßlich und dringend, daß Männer und Frauen sich von Pol zu Pol ausstrekken, um in sich die beiden konträren Lebenseinstellungen zugleich zu umfassen.

Übernehmen alle Frauen diese Rolle als Mittlerin? Und was bedeutet es wirklich, Mittlerin zu sein?

Zu ver-mitteln heißt, das Bindeglied zwischen zwei Dingen zu sein. Welche zwei Dinge oder Zustände sind das nun, zwischen denen die Frauen stehen und jedem von ihnen eine Hand hinstrekken sollen, damit die beiden miteinander Frieden schließen können? Mittler sind auf vielen Gebieten vorstellbar. Wir wollen außen anfangen und auf die Mitte zugehen und dabei schauen, wo Frauen tatsächlich Mittlerrollen übernehmen.

Auf der internationalen politischen Bühne wäre Vermittlung oft angebracht zwischen sich bekämpfenden Gegnern und zwischen gegensätzlichen Ideologien. In diesem Bereich spielen Frauen keine Rolle, denn sie haben sich die Strategien der Machtpolitik und

---

[*] C. G. Jung: Gesammelte Werke, Band 9/1, Olten 1977, S. 205.

der ideologischen Auseinandersetzung noch nicht angeeignet. Gelegentliche Ausnahmen verändern das Bild nicht, denn auch diese wenigen Frauen spielen das Spiel nach den geltenden Regeln, ein Element des Andersseins wird von ihnen nicht eingebracht.

Das gleiche gilt auf Länderebene. In den Tarifkämpfen, im Streit der Parteien und in der Auseinandersetzung rivalisierender Kirchen gibt es keine Vermittlung durch Frauen, die die Bitterkeit der Konfliktpartner besänftigten. Das Auftreten einiger Fraueninitiativen scheint die Situation eher zu verschärfen.

Im Schulbereich finden wir erste, spärliche Beispiele für wirkliche Vermittlung. Glücklich ist das Kind, das einen Lehrer hat, der ihm hilft, den Übergang von der Kindheit in die Welt der Erwachsenen zu finden. Lehrer, die auf halbem Weg zwischen der Vorstellungswelt eines Kindes und der eines Erwachsenen stehen, sind selten, aber Männer scheinen eher häufiger über diese Fähigkeit zu verfügen.

Wir ziehen unsere Kreise enger und kommen zur Familie. Hier finden wir das uns allen vertraute archetypische Muster, in dem der Vater Vater und die Mutter Mutter ist.

Hat das eine Bedeutung? In der Wirklichkeit des Alltags sind die Rollen oft anders verteilt, und der Animus der Mutter spielt den Vater und übt Autorität über Kinder und Ehemann aus, und die Kinder laufen zum Vater, wenn sie verletzt sind, und lassen sich von ihm trösten.

Dennoch bleibt die Familie der Ort in der äußeren Welt, an dem der Frau Gelegenheit gegeben ist, wirklich zu vermitteln.

Wenn der Vater der Vater ist, vertritt er für die Kinder Recht und Ordnung und die Autorität der Gesellschaft. Er vermittelt ihnen Achtung und Gehorsam gegenüber den gesellschaftlichen Institutionen und führt sie schließlich an ihren Platz in der Erwachsenenwelt.

Die Welt ist hart und völlig unberechenbar für ein Kind, das eben erst aus der Verschwommenheit und Zeitlosigkeit des großen Unbewußten auftaucht. Für das Kind ist der Umgang mit feurigen Drachen leichter als mit der Mißbilligung der Erwachsenen. In seiner unbegrenzten Phantasie nimmt ein Kind einfach sein Schwert und ersticht das Ungeheuer und wird zum Helden. Und wenn der Feind zu riesig ist oder gar zu dickfellig für das kleine Schwert, dann macht man sich unsichtbar oder verwandelt sich in einen Vogel, der davonfliegt und das Scheusal auslacht.

Im Alltag wird ein Kind gescholten, das einen Erwachsenen auslacht. Wie verwirrend muß das Leben für ein Kind sein. Zwei Seiten mit zwei völlig verschiedenen Wertsystemen greifen nach ihm.

Ich hatte mit vierzig Jahren einen Traum, der die Schwierigkeiten meiner Kindheit wiedergibt und der die Situation eines jeden kleinen Kindes spiegelt, das sich zwischen zwei sich feindlich gegenüberstehenden Machtblöcken gefangen fühlt.

»Ich bin ein kleines, schüchternes Mädchen, und ich besuche das House of Lords, das englische Oberhaus. Ich öffne leise die Tür und schleiche mich hinein. In der riesigen Halle sitzen die schwarzgekleideten Herren und sprechen alle auf Lateinisch durcheinander. Ich bin so klein, sie bemerken mich nicht, ich schlüpfe durch die Halle und gelange über eine breite Treppe auf eine Galerie, auch dort sitzen schwarzgekleidete Herren. Ich schaue mich sorgsam um und entdecke den Mann, den ich suche, den Erzbischof von Canterbury. Ich laufe auf ihn zu und werfe mich ihm an den Hals und rufe weinend: ›Die Königin glaubt nicht an Gott!‹«

Die Königin glaubte nicht an den Gott der schwarzen, Latein murmelnden Herren, denn die Königin war für mich nicht die damals herrschende Queen Victoria, auch nicht meine Mutter, sondern eine schöne Herzdame in blühenden Farben. Schon für mich als Kind hatten Herz und Verstand verschiedene Götter, das war verwirrend traurig, und ich erwachte aus dem Traum in Tränen.

Herz und Verstand, Liebe und Denken, geheimnisvolle Einsichten und realer Alltag stehen sich für ein Kind unüberbrückbar gegenüber.

Das Kind braucht einen Mittler, der in beiden Welten daheim ist und der sie ihm näherbringen kann. Diese vermittelnde Rolle wird oft von einer Frau übernommen, die in jeder der beiden Welten einen Fuß hat; sie kann dem Kind seine schmerzliche Situation erleichtern.

Dem Kind und dem Mann, denn seine Situation ist sehr ähnlich. Die Frau kann ihm den Zugang zu der ihm verlorenen Welt vermitteln, die er braucht, um nicht so mechanisch zu werden wie die von ihm erfundenen Maschinen, so ausgetrocknet wie seine synthetischen Nahrungsmittel, die ihn nicht wirklich ernähren.

Wir verdanken Erich Neumann wesentliche Erkenntnisse über die zwei verschiedenen Bewußtseinsweisen, die Neumann das »patriarchale« und das »matriarchale Bewußtsein« nennt, die in meiner Sprache dem fokussierten Bewußtsein und der ahnenden Wahrnehmung entsprechen.

Neumann schreibt in seinem Aufsatz ›Über den Mond und das matriarchale Bewußtsein‹:

»Wenn etwas verstanden werden soll, muß es dem matriarchalen Bewußtsein ›eingehen‹, und das ist hier durchaus in dem sexualsymbolischen Sinne einer Befruchtung, das heißt ja einer Konzeption, aufzufassen ... Das heißt, mit dem Verstehen-Konzipieren tritt für das matriarchale Bewußtsein eine Persönlichkeitsveränderung ein. Der ganze Mensch wird von dem Inhalt ergriffen und bewegt, während beim patriarchalen Bewußtsein oft genug ein intellektuell ›verstandener‹ Inhalt nur in einen der Schubkästen des Kopfsystems eingeordnet wird. Wie es für ein patriarchales Bewußtsein schwer ist, zu realisieren und nicht nur ›großartig zu verstehen‹, so ist es für ein matriarchales Bewußtsein schwer zu verstehen, wenn es nicht realisieren kann. Realisieren aber heißt hier ›austragen‹ und sich auf den Inhalt in der Art des Wechselverhältnisses beziehen, in dem Mutter und Embryo in der Schwangerschaft sich gegenseitig verändern. Daß das Ich des matriarchalen Bewußtseins, verglichen mit dem des patriarchalen, passiver ist, liegt nicht an seiner Unfähigkeit zur Aktivität, sondern daran, daß es sich einem Prozeß ausgeliefert weiß, in dem es nicht ›tun‹ kann, sondern ›lassen‹ muß.

Das Weibliche ist in allen entscheidenden Situationen seines Daseins in einem weit höheren Maße als das Nur-Männliche dem Numinosen der Natur in seiner Wirkung ausgeliefert oder, besser, ›anheimgegeben‹. Deswegen ist seine Beziehung zur Natur und zur Gottheit vertrauter und inniger, seine Verbundenheit mit dem Anonym-Transpersonalen früher vorhanden und tiefer wirksam als die zum persönlichen Mann.«[*]

Neumann weist nachdrücklich darauf hin, daß die Möglichkeit für beide Bewußtseinsweisen latent in jedem Individuum vorhanden ist. Künstler und Dichter haben beide entwickelt. Dennoch

---

[*] Erich Neumann: Über den Mond und das matriarchale Bewußtsein. In: Zur Psychologie des Weiblichen. Zürich und Olten 1953, S. 100.

werden Frauen eher durch eine ahnende Wahrnehmung geleitet. Auch wenn sie die Zusammenhänge, die sie wahrnehmen, nicht artikulieren können, öffnet sich dem Mann in einer engen Mann-Frau-Beziehung eine Tür zu seinem eigenen Unbewußten und seinen Schätzen. Auf diese Weise findet er Kontakt mit seiner eigenen ahnenden Wahrnehmung für die Zusammengehörigkeit aller Lebewesen. Es sei noch einmal betont, daß matriarchales Bewußtsein oder ahnende Wahrnehmung nicht mit dem Unbewußten identisch sind. Der qualitative Unterschied zum fokussierten Bewußtsein liegt in seiner Ungebrochenheit, die sich jeglicher Analyse und logischen Operationen widersetzt; ahnende Wahrnehmung läßt sich nicht in klare, eindeutige Worte fassen.

Die wesentliche Aufgabe der Frau als Mittlerin bezieht sich hier auf den klaren, scharfgeschnittenen Verstand des Mannes und seinem Gewahrwerden von Weisheit und Ganzheit, die tief in ihm verborgen liegen.*

Es ist ein Geheimnis, wie Frauen diese Vermittlung zustande bringen. Erklärungsversuche bewirken nichts, bestenfalls erheitern sie, schlimmstenfalls macht die Frau sich lächerlich. Die Hürde, das Unsagbare zu formulieren, kann sie nicht überspringen. Doch die Natur hat ihre eigenen Wege, Samen wachsen im Dunkeln, und Ideen keimen im Schweigen.

Ob eine Frau weiß, was sie tut, und weiß, was sie aus der Tiefe des Unbewußten heraufbringt, hängt von der Qualität ihres eigenen fokussierten Bewußtseins ab. Um ihr instinktives Handeln beobachten zu können, braucht eine Frau einen hohen Grad fokussierter Bewußtheit.

Nur wenige Frauen scheinen die Rolle zu übernehmen, dem Mann Mittlerin zu seiner geheimnisvollen unbewußten Psyche zu sein.

Toni Wolff, eine der ersten engen und bedeutenden Mitarbeiterinnen von C. G. Jung, beschreibt in einer Studie verschiedene Frauentypen.**

In ihrer analytischen Arbeit mit Frauen beobachtete sie neben den vier Funktionstypen (Denk-, Fühl-, Empfindungs- und Intui-

---

* Erich Neumann: Über den Mond und das matriarchale Bewußtsein. In: Zur Psychologie des Weiblichen. Zürich und Olten 1953, S. 100.
** Toni Wolff: Studien zu C. G. Jungs Psychologie. Zürich 1959.

tionstypus) vier deutlich unterschiedene Persönlichkeitstypen. Ein Ziel der Individuation besteht darin, allmählich alle vier Haltungen bewußt zu machen.

Toni Wolff nannte ihre Frauentypen Mater (Mutter), Hetaira (Gefährtin), Amazone und Mediale (Mittlerin), und sie beschreibt sie in ihrer Bezogenheit auf die Umgebung und auf den Mann.

Der mütterliche Typ ist am leichtesten erkennbar, ihm liegt alles Junge, Zarte, Wachsende und Verletzliche am Herzen. Die Mater bezieht sich auf den Mann in erster Linie als den Vater ihrer Kinder. Im intellektuellen Bereich ist der Mann die Quelle ihrer Ideen, sie akzeptiert bereitwillig und oft unkritisch seine Meinungen über Politik, Religion und anderes, so wie sie sein Kind willig annimmt. Ich fasse das übertriebene Bemuttern mit seinen schlimmen Folgen für die Kinder als die negative Seite des mütterlichen Typs auf. Häufiger begegnet man diesem jedoch als unbewußte und undifferenzierte Einstellung der nicht-mütterlichen Frauen.

Es besteht hier eine deutliche Parallele zu den Funktionen: Undifferenziertes Denken ist nicht die Sünde der Denktypen.

Übertriebenes Bemuttern findet man nicht bei differenzierten Müttern. Bei zwanghaften Müttern bricht der mütterliche Instinkt höchst undifferenziert aus dem Unbewußten hervor. Der Mutterarchetypus zeigt seinen negativen Aspekt: Wie eine Furie wendet sich eine solche Frau gegen jeden, der Einfluß auf ihre Kinder nehmen will. Sie ist maßlos in ihrem Bemuttern.

Für das Vermitteln zwischen dem Mann und seinem Unbewußten kommt der mütterliche Typ kaum in Frage, sie vermittelt allenfalls zwischen dem Vater und den Kindern. Sie fördert Entwicklungen in ihrem Mann, die seinem Einfluß und seiner Stellung in der Gesellschaft zugute kommen, besonders wenn sie für seine Rolle als Ehemann und Vater wichtig sind.

Persönliche Entwicklungen des Mannes, die über den familiären Rahmen hinausgehen und nicht zum Wohlstand der Familie beitragen, werden vom Mutter-Typ als gefährlich und bedrohlich abgelehnt. So fühlt sich der Mann schließlich geistig eingeengt und lediglich in der Rolle als finanzieller Versorger akzeptiert.

Dem mütterlichen Typ steht, nach Toni Wolff, die Hetaira oder Gefährtin am fernsten. Sie verkörpert den Gegentypus. Sie bezieht sich auf den Mann um seiner selbst willen, nicht auf den Vater ihrer Kinder. Sie kann ihm Gefährtin auf verschiedenen Ebenen sein, intellektuell, geistig oder sexuell, und manchmal ist sie seine »femme inspiratrice«. In diesen Ehen sind die Kinder oft von untergeordneter Bedeutung. Und in der Beziehung zu einem verheirateten Mann füllt sie jene Lücke, welche durch die Einstellung der Gattin mütterlichen Typs entstanden ist. Die Hetaira gibt ihm das Gefühl des Wertes um seiner selbst willen.

Der Gefährtin ist die persönliche Beziehung zum Mann von überragender Bedeutung, sie allein zählt in ihrem Leben; auf alles andere kann sie verzichten. Sie gibt dem Mann das Gefühl, einen Wert zu haben. Sie ist der Spiegel seiner Anima, mit all ihrer Inspiration und Schmeichelei. Manchmal wird sie zur Verführerin und lockt ihn hinweg von seiner wahren Bestimmung im Leben und von den praktischen Notwendigkeiten des Alltags. Dann verfällt er einer Anima-Illusion oder einem übertriebenen Ehrgeiz. So kann sie ihn gelegentlich ins Verderben ziehen.

Für jede Frau ist es wichtig, der potentiellen Geliebten in sich selbst, in ihren positiven und gefährlichen Aspekten bewußt zu werden. Wenn sie sie verdrängt, besteht die Gefahr, daß sie die Söhne als ihre geheimen Liebhaber und die Töchter als ihre intimen Freundinnen betrachtet. Ihre Kinder werden unfähig, persönliche Beziehungen einzugehen.

In unserer Gesellschaft ist es nicht leicht, die Rolle der Hetaira zu spielen. Sie verträgt sich nicht mit den anerkannten Moralvorstellungen. Viele Frauen dieses Typs kennen ihre Rolle nicht, sondern versuchen, einen Wechsel ihres Status, von der Geliebten zur Ehefrau, herbeizuführen, weil die Ehe ihr Wunschziel ist.

Ich zitiere dazu Toni Wolff: »Alles im Leben will gelernt sein, so auch menschliche Beziehung, weshalb es natürlich ist, daß die Hetaira damit nicht auf der differenziertesten Stufe beginnen kann. Hat sie es aber gelernt, so wird sie die Gesetze der individuellen Beziehung sorgfältig beobachten, bemerken, was dazu gehört und was nicht, und, gegebenenfalls auch, wann eine Beziehung sich erfüllt und vollendet hat.«

Die Geliebte, die in Ehen einbricht, um selber Gattin zu werden, hat demnach noch nicht gelernt, was zu ihrer besonderen Beziehung gehört.

Der dritte Typ, die Amazone, tritt in unserer Zeit häufig auf. Sie ist unabhängig und auf sich selbst gestellt. Sie besteht auf Gleichberechtigung mit dem Mann. Sie mag Liebesaffären, heiraten oder auch Kinder haben; dennoch braucht sie keinen Mann, um sich zu erfüllen. Sie begegnet dem Mann auf der bewußten Ebene, und nur selten ist sie Mittlerin zu den Inhalten des Unbewußten. Oft lebt sie ihr Liebesleben wie ein Mann, und manchmal mißbraucht sie ihre Beziehungen zur Förderung ihrer Karriere.

Die Suffragette war eine echte Amazone, ihr Auftauchen erfüllte die Männerwelt mit Abscheu. Das harte Mannweib von gestern gibt es nicht mehr, die Amazone von heute tritt nicht mehr als gefährliche Rivalin des Mannes auf. Der Mann akzeptiert sie bewußt als Kameradin und angenehme Mitarbeiterin. Unterschwellig aber bestehen Furcht und Haß gegenüber der Amazone auch heute noch. Auf die unbewußte Abwertung durch die Männerwelt reagiert der negative Animus dieser Frauen: Er sagt ihnen immer wieder, daß sie nichts taugen. Wenn die Männer sich ihrer Abwehr bewußt würden, könnten diese Frauen aufhören, in ihrer Verteidigung gegen die Unterwanderung ihres Selbstwertgefühls aggressiv zu sein.

Mann und Amazone haben oft eine Beziehung zueinander wie Bruder und Schwester. Sie verstehen sich, sie haben ähnliche Interessen und Aktivitäten, sie betrachten sich als Rivalen. Die Rolle einer Mittlerin zum Unbewußten übernimmt die Amazone nur in seltenen Fällen.

Der vierte Frauentyp nach Toni Wolff ist die Mediale. Sie ist die große Mittlerin. Sie spürt das Unbewußte des Mannes und macht es ihm sichtbar, indem sie es als seine Anima darstellt. Sie nimmt auch die unterschwelligen psychischen Strömungen in einer Gruppe wahr und spricht sie aus. Ich habe Frauen gekannt, die in ihren Träumen Botschaften empfingen für die Gruppe, in der sie lebten. Manchmal ist die Mediale von einem religiösen Glauben erfüllt und dient ihm. Oder sie gibt dem Geist einer Epoche Ausdruck, wie Johanna von Orleans: Stimmen aus ihrem kollektiven Unbewußten zwangen sie, den Geist der nationalen Einheit des französischen Volkes zu verkörpern. Nach Toni Wolff ist die Mediale ein Gefäß für Inhalte, die außerhalb ihrer selbst liegen und die von ihr gelebt oder auch gestaltet werden. Florence Nightingale und Elisabeth Frey brachten durch ihre Art zu leben den bis dahin verborgenen humanitären Geist ins kollektive Bewußtsein.

Ich kenne die Traumserie einer Frau, die den von ihr geliebten Mann und dessen Familie betraf. Sie erzählte ihm davon, und daraufhin wurde ihm die Familiensituation so klar, daß er seine Einstellung ändern und zusammen mit seinem Vater eine schwierige Unternehmung durchführen konnte, was zuvor schier unmöglich gewesen wäre.

Manche Frauen scheinen fähig, Männern beim Sterben beizustehen, wenn die Zeit gekommen ist. Manchmal wissen diese Frauen, was sie tun, manchmal weiß auch der Sterbende, daß sie diese seltsame Funktion für ihn erfüllt. Nicht immer besteht eine intime Beziehung zwischen ihnen, und gelegentlich ist ein solches Geschehen für beide völlig unerwartet. Ich habe das selbst erfahren.

Einmal besuchte ich im Krankenhaus einen Mann, den ich flüchtig kannte. Wir waren beide Mitglieder einer bestimmten Vereinigung, und ich fühlte mich schon immer zu ihm hingezogen. Später besuchte ich ihn, nachdem er entlassen und zum Sterben zu seiner Frau nach Hause zurückgekehrt war. Zu meinem Erstaunen erzählte er mir Dinge aus seinem Leben, über die er noch mit keinem Menschen gesprochen hatte. Schweigend hörte ich ihm zu; als ich ging, küßte ich ihn auf die Stirn, und er brach in Tränen aus. Ohne es zu wissen, hatte ich sein unterdrücktes Gefühl geweckt. Am nächsten Tag sagte mir seine Frau, daß er nur noch mich sehen wolle. Ich saß an seinem Bett, er war nicht mehr ansprechbar, und doch wirkte er nicht bedrückt. Er war schon auf seiner Reise in die andere Welt und starb in der folgenden Nacht.

Meine Vermittlung für ihn geschah unbewußt bewußt, und ergab sich unvorhergesehen. Doch ich kenne Frauen, die durchaus wissen, was sie tun. Eine von ihnen war mit einem bekannten Wissenschaftler verheiratet, der seit kurzer Zeit an einer der alten Universitäten lehrte und dem die Umstellung in diese mittelalterliche Umgebung schwerfiel. Sie berichtete mir, daß eine männliche Gestalt in schwarzen, mittelalterlichen Gewändern sie verfolge; der Mann tauchte in ihren Träumen auf, und noch beim Erwachen stand er deutlich sichtbar neben ihrem Bett. Sie war an Träume gewöhnt, doch diese Hartnäckigkeit beunruhigte sie. Nach ihrer Schilderung war mir nicht klar, ob diese Gestalt ein Inhalt ihrer Psyche war, mit dem sie Kontakt aufnehmen sollte, oder ob dieser Mann zum Unbewußten ihres Mannes gehörte. Ich schlug ihr vor, die Gestalt zu malen. »Er trug einen spitzen Hut, und von der Spitze fiel ein dichter, üppiger schwarzer Schleier über sein Gesicht und bis auf den Boden. Die Hutspitze war von feinen weißen

Federn umgeben. In der Hand hielt er seine Geldschatulle hoch.« Sie zeigte das Bild ihrem Mann, er schaute es sorgsam an und sagte: »Das ist etwas von mir.« Danach erschien ihr der schwarze Mann nicht mehr. Sie hatte ihrem Mann eine Gestalt aus seinem Unbewußten vermittelt, mit der er in Kontakt kommen mußte, bevor er sich in seiner mittelalterlichen Umgebung wohl fühlen konnte.

Die Mediale ist nicht leicht zu erkennen, ihre Rolle dringt nicht in die Welt. Doch gerade sie hat die einzigartige Funktion, dem Mann die Inhalte des Unbewußten zu vermitteln. Selten ist sie nur die Mediale; meist erfüllt sie im Leben zugleich die Rolle der Hetaira oder der Mutter. Auch die Amazone ist selten nur Amazone, sie mag mütterliche Funktionen erfüllen oder eine sanfte Geliebte sein. Ihr Amazonentum zeigt sich allein in der Tatsache, daß eine Mann-Frau-Beziehung sie nicht völlig erfüllt. Amazone und Mediale finden sich kaum in einer und derselben Frau, sie sind einander entgegengesetzte Typen wie Mutter und Geliebte.

Die Mediale ist schwer faßbar, und sie selbst hat große Schwierigkeiten zu erkennen, wer sie wirklich ist. Die vier Typen beschreiben verschiedene Weisen, in denen Frauen sich auf Männer beziehen, auch die Amazone bezieht sich auf den Mann. Doch ist die Mediale ständig in Gefahr, das eigene Ich im Mann aufgehen zu lassen. Sie weiß oft nicht, ob sie ihre eigenen Interessen und Gefühle ausdrückt oder die seinen.

Dieser offensichtliche Identitätsverlust wurde einmal von einer Medialen als ein vages, verlorenes Gefühl beschrieben, das sie in Abwesenheit von Ehemann und Sohn überkam. Sie suchte Hilfe bei einem Analytiker und war erschüttert über einen Traum: »Ich besuche meinen Analytiker, und er hält mir einen Spiegel vor. Doch der Spiegel bleibt leer.« Das überzeugte sie von der Notwendigkeit, ihre eigene Identität und Existenz zu finden. Das aber scheint ihr nicht gelungen zu sein, denn in einem Traum zwei Jahre später sagt ihr eine Stimme: »Versuch nicht länger, ein Spiegelbild zu haben, zerbrich den Spiegel!«

Tatsächlich ist für eine Frau, die sich mit Bildern aus dem kollektiven Unbewußten auseinandersetzt, ein starkes Ich lebensnotwendig. Sonst könnte sie sich verlieren oder Verwirrung für sich und andere stiften. Sie muß die Welt der inneren Bilder und die Welt des Alltags klar voneinander unterscheiden, um in der Mitte stehen und die Vermittlung zwischen den beiden übernehmen zu können. Für die Mediale ist es schwieriger, ein tragfähiges Ich-Bewußtsein zu erlangen, als für die anderen Frauentypen, zugleich aber noch dringlicher.

Überdies genügt es für eine Frau heute nicht, nur einen Frauentyp zu verkörpern, so wenig wie es einen Menschen auf die Dauer befriedigt, über nur eine psychologische Funktion zu verfügen. Der innere Prozeß, der zur Ganzwerdung drängt, verlangt, daß wir eine Funktion nach der anderen bewußtmachen, und er zwingt die Frauen zu einer Erweiterung ihres Rollenverhaltens.

Ich möchte nicht den Eindruck erwecken, daß die Mediale für den Mann ausschließlich positiv ist. Sie leidet mehr als andere Frauen unter ihrer Unsicherheit, und das macht Partnerschaften schwierig. Es lebt sich nicht leicht mit ihr, weil sie zu weit vorausschaut und zu tief in das Unbewußte hineinsieht. Oft weiß sie, was geschehen wird, lange bevor es eintritt, aber selten ist sie weise genug, diese Vorahnungen für sich zu behalten. Sie vermittelt ihr Wissen, auch wenn sie die Botschaft nicht ausspricht.

Das mag in der Beziehung zu einem Mann erträglich sein, für ihre Kinder ist es jedoch verheerend. Heranwachsende junge Menschen müssen selbst ihre Erfahrungen machen, alle Voraussagen nehmen ihnen die Freude der Entdeckung. Es besteht die Gefahr, daß die Mediale durch ihr Vorauswissen den jungen Menschen die Fülle der eigenen Erfahrung raubt, schon allein mittels ihrer durch dieses Wissen bestimmten Einstellung, auch wenn sie nichts sagt.

Eine Mutter, die bei mir in Analyse war, machte sich Gedanken darüber, ob sie ihre Kinder nicht übermäßig behüte. Ihre Träume sprachen jedoch von einer anderen Gefahr:

»Vor meiner Tür liegt eine große Dogge. Kleine Küken laufen über sie hinweg, und sie rührt sich nicht einmal. Sie tut ihnen nichts. Eine Stimme sagt: ›Dein Hund ist harmlos. Schau in den Hinterhof, dort ist der Räuber.‹ Im Hof sitzt unter den Hennen eine Eule. Niemandem ist aufgefallen, daß sie sich von Küken und Eiern ernährt.«

Die Träumerin verarbeitet das nach besten Kräften, doch ein paar Jahre später erschreckt sie ein anderer Traum:

»Ich sehe einen riesigen, hohlen Baum vor mir, und an seinem Eingang liegen junge Kätzchen friedlich in einem Nest. Eine Löwin geht zwischen meinen Kindern im Garten spazieren, sie bewegt sich leicht und ohne Bedrohung, und die Kinder sind ganz sicher vor ihr. Ich schaue in den hohlen Baum hinein und sehe oben leuchtende Schlangen, deren Köpfe sich in der Mitte treffen. Das Licht, das von ihnen ausgeht, macht das Innere des Baumes sichtbar. Ich habe Angst um meine Kinder und sage laut: ›Der Baum muß sofort ausgeräuchert werden.‹«

Es stellt sich die Frage, wie wichtig es war, den Baum auszuräuchern. Vielleicht stehen die leuchtenden Schlangen oben im Baum für geistige Einsichten; sie erscheinen ihr so gefährlich, daß sie bereit ist, sie aufzugeben und damit auch alle Früchte ihrer Analyse zu verlieren. Vielleicht ist die wahre Botschaft des Traumes an sie, den Baum zu verschließen, das heißt zu schweigen, damit die »leuchtenden Schlangen« nicht entkommen und als ihre persönlichen Ahnungen und Einsichten die anderen beschäftigen.

Um eine gute Mittlerin zu sein und um nicht dem Chaos des Unbewußten Tür und Tor zu öffnen, braucht die Frau neben den subliminalen, mehr oder weniger diffusen Wahrnehmungen ein konzentriert wahrnehmendes Bewußtsein. Sie muß unterscheiden können, ob sie bewußt oder ob sie via ihres Unbewußten wahrnimmt und urteilt. Sie muß sicher wissen, in welcher Welt sie zu einem gegebenen Zeitpunkt gerade steht und daß sich die eine Welt nicht in der Sprache der anderen ausdrücken läßt. Je klarer sie spürt, wer sie ist und wo sie steht, um so eher ist sie imstande, sich und die anderen vor dem Chaos des Unbewußten zu schützen und ihnen statt dessen schimmernde, wohlgeformte Perlen aus der Quelle ihrer subliminalen Wahrnehmungen zu übermitteln.

Animus – Freund oder Feind?

Ich habe in früheren Kapiteln zwischen den weiblichen und den männlichen Funktionsweisen innerhalb ein und derselben Person unterschieden. Das Männliche in der Frau habe ich nach Jung »Animus« genannt. Ich will im folgenden klarstellen, was mit dieser dunklen Bezeichnung gemeint ist.

Die meisten Männer beobachten mit Verunsicherung und Ärger, daß die Frauen in ihrem Leben nicht immer ihr weibliches Selbst sind, sondern sich wie pedantische Männer aufführen und auch so reden und belangloser Sachen wegen unpassend emotional werden. Manchmal merkt die Frau das selbst. Es ist, als ob in die Psyche der Frau plötzlich ein Mann eindringt und seinerseits Bemerkungen macht. Manchmal überschattet und besetzt er die Frau weitgehend, und sie verschwindet fast. Dieser Mann in der Frau wird »Animus« genannt; er hat einen schlechten Ruf, weil er eher unangenehm auffällt.

Ich will darlegen, daß der innere männliche Partner einer Frau wertvoll, wesentlich und unentbehrlich für jegliches kreative Tun einer Frau ist, nicht nur ärgerlich und destruktiv.

Er ist eine kollektive Gestalt, wie die Anima des Mannes, der eine Funktion in der Psyche aller Frauen personifiziert.

Animusbesessenheit ist ein Mißgeschick, doch keine persönliche Schande. Darüber gibt es leider Verwirrung, denn wir sprechen vom »Animus« der Frau Schmidt und von Herrn Brauns »Anima«, und wir lassen außer acht, daß sich unter dem persönlichen Gewand kollektive, archetypische Gestalten verbergen.

Sie sind im Spiel, wenn in einer Diskussion unnötigerweise Emotionen aufsteigen, die Leute gereizt werden und einer den andern mit erhobenem Zeigefinger beschuldigt: »Du hast das und das gesagt!« Es wäre gut, wenn wir lernen könnten, an dieser Stelle innezuhalten: »Verdammt, der Teufel ist hier mit im Spiel! Wir müssen noch einmal von vorn anfangen.« Wohl gemerkt *der* Teufel, nicht meiner und nicht deiner.

Das folgende basiert auf persönlichen Erfahrungen, an mir selbst und an Frauen, die mir nahestanden. Ich kenne der Weisheit letzten Schluß nicht, ich breite lediglich ein paar Gedanken aus und gebe einige praktische Hinweise, die ich nützlich im Umgang mit dem schwierigen männlichen Partner in mir gefunden habe.

Ich benutze die Begriffe »Mann« und »Frau« im Sinne der männlichen und weiblichen Funktionsweisen.

Vor Jahren hatte ich folgenden Traum: »Ich gehe friedlich einen ländlichen Weg entlang, und mir kommt eine Bande von Männern entgegen, etwa ein Dutzend. Ich weiß, daß sie mich bedrohen, obwohl sie harmlos aussehen, und ich habe Angst. Mir wird gesagt, daß ich sicher an ihnen vorbeikomme, wenn ich jeden von ihnen einzeln begrüße und ihm die Worte ›palabra de honor‹ sage. Das bedeutet ›Ehrenwort‹ auf spanisch, und in Spanien ist die Ehre eine geheiligte Sache, für die ein Mann sein Leben lassen würde. ›Palabra de honor‹ ist für einen Spanier das denkbar aufrichtigste, dramatischste Losungswort. (Zum Verständnis füge ich ein, daß mein Mann Spanier war, daß ich viele Jahre in Spanien gelebt habe und daß die Betonung der Ehre bedeutet, daß ich in diesem Traum extreme Weiblichkeit vertrete.) Dieses Ritual führe ich ernsthaft aus, ich begrüße jeden der Männer einzeln, nacheinander und wiederhole das Losungswort ›Palabra de honor‹.«

Der Traum hat noch andere Aspekte. Ich bin über die Jahre hin immer wieder auf diese Szene zurückgekommen mit zunehmendem Verständnis, daß in ihr der Schlüssel für den Umgang mit dem Animus liegt, der mit diesem magischen Losungswort zum Freund gewonnen werden kann.

Das ist wichtig: Da ist eine Anzahl von Männern, und jeder einzelne will beachtet sein. Der Animus erscheint oft in der Vielzahl oder als eine Gruppe. Die Männergruppe in meinem Traum ist nicht homogen und darf nicht als ein Ganzes behandelt werden. Jeder Mann ist einzeln zu begrüßen. Wir neigen dazu, uns den Animus als eine einzige Person vorzustellen, obwohl wir wissen, daß er vielgestaltig ist. Er kann als ein alter Mann oder als kleiner Junge erscheinen, als Gelehrter oder Flieger, als Gott oder Teufel, als romantischer Liebhaber oder als der eigene Ehemann.

Mit jedem von ihnen können wir einzeln reden, nicht aber mit *dem* Animus. Es bringt auch nichts, sich an seine Doppelgesichtigkeit zu halten. Wenn mir im Traum ein finster ausschauender Mann an der Tür erscheint, wäre es Unsinn, mich an die lichte Seite des Animus zu erinnern, denn damit mache ich mich handlungsunfähig. Wie kann ich einem Räuber Widerstand leisten, wenn ich denke: »Vielleicht ist er auf der anderen Seite, die ich nicht sehe, vielleicht ist er mein Schutzengel?«

So lähme ich mich. Notwendig aber ist klares, eindeutiges Handeln gegenüber jeder einzelnen Facette des Animus, ebenso wie einem realen Mann gegenüber. Im wirklichen Leben schaue ich nicht untätig zu, bis ich beraubt oder vergewaltigt werde. Ich frage einen Eindringling, was er von mir will. Und wenn mir seine Antwort nicht behagt, fordere ich ihn zum Gehen auf. Von den möglichen guten Absichten dieses Mannes lasse ich mich nicht beeindrucken. Unmittelbar reagiere ich auf den Aspekt des Mannes, den er mir anbietet. Dem Animus gegenüber halte ich es ebenso.

Wir können mit dem Animus umgehen, wenn es uns gelingt, ihn in klar unterschiedene, getrennte Personen aufzuspalten. Ich knie vor dem Priester und erbitte seinen Segen, ich freunde mich mit dem schwachsinnigen Knaben an, dem Teufel begegne ich standhaft und mit dem gehörigen Respekt, und dem honigträufelnden Schmeichler verbiete ich mein Haus. Unheil aber überkommt mich, wenn ich sie alle auf einen Haufen werfe, ihn »Animus« nenne und mit dieser Masse umzugehen versuche.

Eine Frau, die ich gut kenne, mit viel Erfahrung in aktiver Imagination, spricht mit etwa zwanzig verschiedenen Aspekten ihres Animus unter verschiedenen Namen. Sie erzählt: »Ich hatte gestern ein lebhaftes Gespräch mit Jim, dem Cowboy«, oder: »Mein gelehrter Freund Andreas hat mir das und das berichtet«. Eines Tages folgte sie einem spontanen abenteuerlichen Impuls und versammelte sie alle miteinander in einem Raum und sie selbst stand zitternd und überwältigt vor soviel versammelter Macht. In dieser Situation wandte sie sich demütig an ihren Großvater, der unter ihnen war, und bat ihn um Schutz und Hilfe.

Jeder Aspekt des Animus ist für sich und getrennt personifiziert; wenn wir eine echte Beziehung zum Ganzen gewinnen wollen, müssen wir mit jeder dieser unterschiedlichen Personen getrennt umgehen, in aller Aufrichtigkeit, mit allem Gefühl, aus der Tiefe des eigenen Seins. Ihnen gegenüber nützen Halbheiten, unechte Sentimentalitäten und verstandesmäßige Abwertungen des eigenen Gefühls nicht. Bloße Lippenbekenntnisse gegenüber dem Priester, feiges Zurückweichen vor dem Grobian und eitle Drohungen vor dem Teufel gelten nicht.

Das gilt für die Beziehungen einer Frau zu anderen Menschen und zu ihrem Animus. »Palabra de honor«: Unbedingte Aufrichtigkeit ist das Losungswort. Ich muß das männliche Konzept der Ehre akzeptieren, davon hängt mein Leben ab.

Aufrichtigkeit gegenüber dem Mann in mir ist der Schlüssel zu dieser und zu jeder anderen Beziehung. So einfach und so schwer ist das. Um meinem eigenen Gefühl gegenüber aufrichtig zu sein und um für mein inneres Wissen einzustehen, muß ich mein Gefühl und mein inneres Wissen kennen. Um sie zu erkennen und sie klar und eindeutig wahrzunehmen, so daß ich sie ausdrücken kann – »das ist meine Wahrheit, dafür stehe ich ein« –, brauche ich die Hilfe des Animus.

Ich persönlich sehe meinen hilfreichen Animus als einen Fackelträger, der sein Licht hochhält und mir den Weg beleuchtet. Sein Lichtkegel fällt in dunkle Ecken und durchdringt den Nebel, der die Welt der Geheimnisse und Mysterien verbirgt, in der ich als Frau zu Hause bin. In der inneren Welt der Frau, die voller Schatten und kosmischer Wahrheiten ist, schafft er ein Lichtbündel als Fokus für ihre Augen, und sie schaut und sagt: »Ja, das meine ich«, oder: »Nein, das ist es nicht, das stimmt nicht für mich«. Mit Hilfe seines Lichtes gelingt es ihr, den Ideen Form zu geben. Er wirft Licht auf die aufsteigenden Worte unter der Oberfläche, damit sie die passenden wählen kann, er zerlegt das Licht zu ihrer Auswahl in die Farben des Regenbogens, er vermittelt ihr die Sicht der Teile eines Ganzen und die Unterscheidung zwischen diesem und jenem. Kurz, er befähigt sie, zu fokussieren.

Mir scheint, daß die Macht zu fokussieren den Mann zu dem kreativen Geschöpf macht, das er ist.

Diese Fähigkeit ist wesentlich für jegliches kreative Schaffen. Funkelnde Ideen und liebliche Bilder ziehen vielen Menschen durch den Sinn, sie schweben hinein und hinaus, nicht faßbar, ungenutzt und ungeformt. Wer aber die Fähigkeit hat, die auftauchende Idee zu fokussieren, festzuhalten und klar zu sehen, der kann etwas daraus erschaffen, einen Tempel, eine Philosophie oder eine Atombombe.

Häufig stoße ich bei Frauen auf das Mißverständnis, daß das Denken, das Fokussieren und der Animus ein und dasselbe seien. Denken ist eine psychologische Funktion, eine der grundlegenden Möglichkeiten, sich dem Leben zu nähern, wie Fühlen, Empfinden und Intuieren.

Unabhängig von der Funktion braucht es die Fähigkeit des Fokussierens. Ohne sie kann es kein kreatives Denken geben. Fühlen wird schöpferisch durch die Fähigkeit, die namenlosen Freuden und Schmerzen festzuhalten und zu gestalten. Farbig schillernde Intuitionen haben gerade soviel Wert wie ein Mückenschwarm, der einem um den Kopf summt, wenn es keine Möglichkeit gibt, eine von diesen Intuitionen im Lichtkegel festzuhalten und ihr Leben und Form zu geben. Empfindung und Realität können ein Gefängnis sein, wenn es nicht gelingt, sich auf einen einzelnen Aspekt einzustellen und diesen zu verändern.

Die Macht zu fokussieren ist das größte Geschenk des Mannes, nicht aber sein Privileg. Der Animus übernimmt diese Rolle für die Frau. Er ist von der gleichen Art wie der Geist, der im Mann wohnt und der ihn kreativ macht, doch von anderer Qualität; denn er haust im Unbewußten, und die Frau nimmt indirekt mit ihm Kontakt auf. Dort ist er, und er funktioniert mehr oder weniger gut, wenn sie etwas klar und scharf sehen will, wenn sie analysiert, unterscheidet, wählt, formuliert und gestaltet.

Ich möchte nicht mißverstanden werden: Ich setze Fokussieren nicht mit Bewußtsein gleich. Die Frau (ich meine die weibliche Funktionsweise) hat ein eigenes Bewußtsein, die ahnende Wahrnehmung. Alles wird als Ganzes angenommen, geliebt oder gehaßt. Sie fühlt sich eins mit den Sternen und dem Tautropfen, der Rose und dem Grashalm. Sie analysiert sie nicht und will auch nichts an ihnen verändern. Sie nimmt sie einfach wahr. Dem Mann (und ich beziehe mich auf extreme Männlichkeit) ist der Duft der Rose nicht genug. Er muß alles über Rosen herausfinden, die Büsche zurückschneiden, pfropfen und die Rosen veredeln. Eine Frau, als Frau, macht solche Sachen nicht, sie drängen sich ihr nicht auf.

Und doch ist es nicht so, daß die Frau einfach Erde wäre und der Mann einfach Geist, wie es manchmal von Psychologen gesehen wird. Die Frau mag sich bemühen, das zu glauben, im Grunde weiß sie, daß das nicht stimmt und daß dieses Vorbild nicht paßt. Sie ist nicht nur blinde Natur und Lebenskraft. Sie hat ihre eigene spirituelle Wahrnehmung, die wenig mit der männlichen Kultur, in der wir leben, gemein hat und gar nichts mit Philosophie. Es ist nicht leicht, das Gewicht einer männlichen Erziehung auf den Schultern zu tragen und an der weiblichen Seele festzuhalten, und es gelingt nicht allen Frauen. Undeutlich und verschwommen spürt sie ihre spirituelle Wahrnehmung, die sie nicht ausdrücken und kaum vor sich selbst anerkennen kann. Ihre feminine Seele ist ebenso schüchtern und unerfahren wie die Anima eines Mannes. Doch die Wahrnehmung ist da. Sie kann im Finstern so sicher und geschmeidig wie eine Katze gehen, ohne jedes Licht von ihrem Fackelträger.

Den Animus braucht sie, wenn sie fokussiertes Bewußtsein braucht, und das braucht sie heute häufiger denn je. Und da ist er, mit leuchtender Fackel, gleich zur Hand. Leider leuchtet er nicht immer die richtigen Dinge an. Auf ihren Wink hin erscheint er, er wirft sein Licht auf die Formel, die sie als Antwort zu suchen scheint, und sie kommt daher mit einem Schlagwort, vielleicht korrekt als allgemeine Wahrheit und im gegebenen Zusammenhang, jedoch völlig irrelevant in diesem besonderen Fall. Wenn der Fackelträger sein Ziel weit und offensichtlich verfehlt, ist das nicht gefährlich. Manchmal aber ist er von der Wahrheit nur um Haaresbreite entfernt, und das Ergebnis klingt plausibel; unbemerkt und in kurzer Zeit wird die Frau in die Irre geleitet und von der Sache weggelockt. Der Freund ist zum Verräter geworden.

Diese plötzliche verräterische Wende ist eine bekannte Erscheinung. Sie geschieht in einer Diskussion zwischen zwei Menschen, und sie bereitet unweigerlich Ärger. Sie geschieht auch im Selbstgespräch, wenn eine Frau sich mit ihrem Animus unterhält. Er kann zum tödlichen Verräter werden, wenn er sie unbemerkt von ihrem eigenen Wege abbringt und in einen Sumpf konventioneller Ideen hineinleitet, in dem sie hilflos vielleicht wochenlang strampelt, bis sie plötzlich erkennt, wer sie in die Schwierigkeit gebracht hat. Wenn sie ihn nun dabei erwischt, ist sie gerettet. Jetzt kann sie ihrem Feind entgegentreten, fest auf den Boden stampfen und verlangen, daß er ihr aus dem Weg geht. Augenblicklich ist sie auf sicherem Grund, auf ihrem eigenen Pfad, und der Nebel löst sich auf – bis zum nächsten Mal. (Es braucht ein wirklich kraftvolles Aufstampfen mit dem Fuß und ein lautes »Geh weg!« oder »Hau ab!«; es sei denn, sie ist das Befehlen gewöhnt, dann braucht es einen anderen Zugang, ein Bitten um Hilfe oder ein sanftes Lächeln.)

Warum geschieht so etwas? Das sieht nach böser Absicht von seiten des Animus aus, und dieses Verhalten hat ihm auch seinen schlechten Ruf eingetragen. Ist es wirklich sein Fehler? Hat er ein Vergnügen daran, destruktiv zu sein?

Barbara Hannah gibt uns die Antwort ihres Animus auf diese Frage wieder. Er erklärte ihr, daß er nichts von ihrer Welt verstehe, doch daß er ein Vakuum nicht ertragen könne und in eine auftretende Lücke flugs hineinschlüpfe. In meinen Gesprächen mit dem Animus vertritt er ähnliche Gedanken, unter Verwendung der besonderen Bilder, in denen er sich mir darstellt. Er, der Fackelträger, ist ein autonomer Geist, dessen einziges Geschäft Beleuchtung ist, fokussiertes Beleuchten, Beleuchtung um ihrer selbst willen. Er hat keine Gefühle uns gegenüber, weder gute noch schlechte. Er hat keinerlei Interesse an uns, außer daß er uns für seine Existenz braucht, denn er kann nur in der menschlichen Psyche wohnen. Er braucht einen Menschen, der das Licht sieht, das er verbreitet. Und fokussiertes Licht muß er nun einmal verbreiten. Das ist er in meinen Augen.

Je mehr wir uns unserer selbst bewußt werden, um so mehr brauchen wir seine Fackel, und in diesem Zusammenhang allein ist ihm unsere Bewußtwerdung wichtig. Je mehr er ein essentieller Teil von uns wird, als Kamerad und Partner, um so näher kommen wir dem fernen Ziel der Individuation. Er wirft sein Licht auf das, was wir nach seiner Meinung sehen sollten. Bitten wir ihn als Freund, verschiedene Aspekte eines anstehenden Problems auszuleuchten, so wird er uns nicht enttäuschen. Willig stellt er uns sein Licht zur Verfügung, wenn wir ein besonderes Problem verfolgen. Intellektuelle und freiberuflich tätige Frauen haben ihn zum Freund gewonnen, manchmal freilich haben sie ihm die Führung und Gestaltung ihres Lebens überlassen. In dieser Situation ist der Animus kreativ, ob er nun dominierend ist oder nicht. Eine Frau, die mit seiner Hilfe zu einem Experten geworden ist, etwa für mittelalterliche Kirchen, Krebsbehandlungen oder für ein anderes Gebiet, und sei es unter Ausschluß eines häuslichen Lebens, gebraucht ihren Animus sinnvoll und zweckgerichtet; man mag sie eine Animusfrau nennen, sicherlich aber ist sie nicht animusbesessen.

Dem Animus ausgeliefert ist die Frau, die ihn nicht kreativ einsetzt, denn irgendwohin muß er sein Licht werfen. So beleuchtet er Schlagworte und Allgemeinplätze, ihre Aufmerksamkeit ist angezogen, und sie fällt darauf herein und nimmt das, was er ihr zu erkennen gibt, für die reine Wahrheit.

Seine Gegenwart verrät sich: Die Stimme nimmt eine metallische Klangfarbe an, der Körper versteift sich, die Schultern sind angespannt, und oft verziehen sich die Lippen. Worte sind machtlos, sie vermögen ihn nicht zu vertreiben, er weicht nur dem Handeln. Er geht, wenn ich wirklich aktiv werde, durch eine zärtliche Geste, ein verspieltes Kopfschütteln, ein energisches Aufstampfen oder wenn ich einen Tee mache.

Das Kennzeichen einer negativen Animusaussage ist der fehlende Bezug. Isoliert betrachtet, sind Animusverallgemeinerungen meistens vernünftig, sie gründen sich auf die Erfahrung von Generationen, und sie spiegeln den Moralkodex unserer Zeit und Kultur. Für die lebendige Situation hier und jetzt können sie hingegen völlig bedeutungslos sein.

Der Animus ist der beste Freund einer Frau, solange er die Dinge, die relevant sind, beleuchtet; er wird in dem Augenblick zum Feind, in dem er den Zusammenhang verliert. Eine Frau träumte einmal, daß sie vier Männer sah, die in den offenen Mund eines Frosches hineinspuckten, und der Frosch gab ihren Speichel wieder von sich. Als sie den Traum malte, erkannte sie in drei der Männer die Analytiker wieder, mit denen sie nacheinander gearbeitet hatte, der vierte Spucker war ihr eigener hilfreicher Animus. Der kalte Frosch hatte alles geschluckt, was die vier ihr je gesagt hatten, und später, zu den unpassendsten Zeiten und ohne jeden Zusammenhang, spie er ihre Bemerkungen wieder aus, zu ihrer größten Verlegenheit. Dieser Frosch ist ein Beispiel für eine destruktive Animusfigur, sein Ausspeien zur Unzeit und am falschen Ort macht ihn destruktiv.

Der Leser mag bemerkt haben, daß ich zuletzt von *dem* Animus gesprochen habe, als sei er eine Einheit und unterteilbar. Ich lasse diesen Lapsus bewußt stehen, um zu zeigen, wie leicht uns dieser Fehler unterläuft. Wenn ich in vergeßlichen Augenblicken meinen hilfreichen Animus beschuldige, daß er mich krank mache mit seinen endlosen Kreisen, so weist er mich sofort zurecht. Das sei nicht er, sondern sein närrischer Bruder, dem er die Fackel übergebe, wenn ich mir nicht anschaue, was er mir zeigen wolle.

Wie kann ich als Frau die beiden auseinanderhalten? Für eben diese Unterscheidung brauche ich die Hilfe des Animus, desselben Burschen, der all die Schwierigkeiten zu machen scheint. Es ist an mir, ihm alle verfügbaren Daten zu übergeben. Animusmeinungen basieren auf unzureichender Kenntnis der tatsächlichen Lage: »Die Mehrheit hat immer recht«, oder: »Wo ein Wille ist, ist auch ein Weg«, oder: »Psychologen darf man nicht trauen«, oder irgendeine andere Halbwahrheit. Im inneren Dialog erzählt der Animus der Frau wertlose Verallgemeinerungen, solange sie ihm wesentliche Informationen vorenthält, insbesondere über ihre Gefühle, deren Intensität und Richtung.

Wenn eine Frau zuzuhören vermag, erzählt ihr der Animus, daß es an der Zeit sei, die Kinder aus dem Nest zu stoßen, und, wenn er den Lichtkegel etwas verschiebt, daß immer ein Zuhause für sie dasein sollte, bis sie fliegen können. Beides kann im konkreten Fall falsch sein. Wie oft erzählt er ihr, daß ihre Liebesaffäre eine oberflächliche Angelegenheit sei, deren baldiges Ende vorhersehbar sei, weil Liebesaffären immer so enden; und er sagt ihr, daß sie dem Mann nicht trauen dürfe, weil Männer immer unbeständig seien. Und so unterläßt sie es einfach, dem Animus mitzuteilen, wie tief ihr Gefühl, wie wichtig ihr dieser Mann und wie bedeutungsvoll ihr diese Affäre ist. Der Animus hat kein Gefühl, er kennt diese relevanten Daten nicht, und ihre Vorstellung vom eigenen Animus erlaubt ihr nicht, dem Mann in sich zu vertrauen, sie unterschätzt die Beständigkeit seiner Anwesenheit und seine Macht.

Wenn sie aufrichtig mit ihm ist, läßt der bedrohliche Animus sie ungestraft passieren, ja, er wird zum hilfreichen Freund. Ihm ist es einerlei, ob er ihr hilft, indem er ihr zeigt, was für sie Bedeutung hat, oder ob er ihr mit unangemessenen Verallgemeinerungen schadet. Sie braucht nur das Losungswort zu sagen: »Das ist mein Gefühl. Diese Dinge haben für mich Bedeutung. Dafür stehe ich ein.«

Das aber tun wir selten. Frauen heute leben in der männlichen Welt der Ideen und Prinzipien, und sie vergessen ihre Basis und ihre eigene Wahrheit. Jede gebildete Frau versteht die Prinzipien von Freiheit und Demokratie, für die wir unsere Kriege führen. Mit ihrem männlich erzogenen Verstand stimmt sie zu, daß Kriege unvermeidlich sind; für ihre Weiblichkeit aber ist der Tod eines einzigen Mannes, der für ein Prinzip sterben muß, empörender als ein Mord im Affekt, und Folter und Gefängnis im Namen einer Ideologie sind für sie unverzeihliche Verbrechen.

Nicht auf etwas bezogen zu sein ist für eine Frau, die ihrer Basis treu bleibt, ein Stein des Anstoßes. Sie darf niemals vergessen, daß Sexualverkehr ohne Beziehung bitter macht, auch wenn sie ihn genießt, und daß lebensfeindliche geistige und intellektuelle Leistungen gen Himmel stinken. Das muß sie ihrem Animus immer wieder sagen, damit er sie sicher durch das Labyrinth der männlichen Kultur, die mit Verhaltensregeln nur so gepflastert ist, leiten kann. Wenn sie sich selbst und ihm ihre wahren Gefühle voll eingesteht, kann er sein Licht auf das werfen, was für sie und für die lebendige Situation von Bedeutung ist.

Maurice Nicoll spricht in seinem Buch ›The New Man‹ über die verschiedenen Bedeutungsebenen in den Gleichnissen Jesu und wie von den Jüngern oft nur die obeflächliche wahrgenommen wurde. Der Teufel, so sagt Nicoll, bringt die Ebenen durcheinander, und das beschreibt treffend den teuflischen Aspekt des Animus.

Die Verwechslung der Ebenen ist eine teuflische Spielart des fehlenden Bezugs. Der Lichtkegel des Animus ist destruktiv, wenn er sein Ziel verfehlt, gleichgültig, ob nach oben, unten oder seitlich.

Mißverständnisse zwischen einem Mann und einer Frau entstehen häufig, wenn sie auf verschiedenen Ebenen miteinander reden und dieser Tatsache nicht gewahr sind; ich habe dieses Thema ausführlich im Kapitel ›Begegnungen‹ dargestellt.

Wir brauchen ein Gleichgewicht zwischen dem männlich fokussierten Bewußtsein und der weiblich ahnenden Wahrnehmung, mit anderen Worten, zwischen dem kreativen Geist, der den Mann als Träger braucht, und der Lebenskraft, die sich der Frau bedient. Beide Kräfte sind gleichermaßen unpersönlich, rücksichtslos und grausam. Sie begegnen einander innerhalb der menschlichen Psyche, und es ist die Aufgabe des einzelnen, ob Mann oder Frau, beide menschlicher zu machen. Dieses vitale Gleichgewicht fehlt heute.

Die Emanzipation der Frau hat dazu geführt, daß die Frauen in die Welt des Mannes eingedrungen sind. Mit anderen Worten, sie leben das Leben des Animus. Das wäre völlig in Ordnung, wenn dabei wesentliche weibliche Werte nicht über Bord geworfen würden. Auch wenn eine Frau ihre biologische Rolle erfüllt, heiratet und eine Familie versorgt, ist ihre Lebensenergie oft anders aufgeteilt: Sie liest ein Buch, während sie ihr Kind stillt, sie nimmt eine Arbeitsstelle an und schickt ihr Kind in eine Kinderkrippe.

In Anbetracht der Situation taucht für mich eine bedrohliche Frage auf: Ist von der Libido der Frau zuviel in das männliche Reich der Mechanik und der Ideen geflossen, so daß der weiblichen Fürsorge für das Lebendige die Energie fehlt, die für ein Gleichgewicht zwischen den Gegenpolen notwendig wäre? Und hat nicht dieses fehlende Gleichgewicht die letzten verheerenden Kriege mitverursacht?

Auf der anderen Seite kämpfen heute viele offensichtlich an Heim und Herd gebundene Frauen um die Erlaubnis, ein anderes Lebensmuster als das akzeptierte biologische leben zu dürfen. Ihre männlichen Bestrebungen sind ernsthafte Versuche, sich selbst zu verwirklichen. Der Kampf dieser Frauen ist hart, denn noch wissen sie nicht, wer sie sind und wofür sie eintreten. »Du bist keine Karrierefrau, du hast die Pflicht, Frau und Mutter zu sein«, sagt ihnen die Stimme der Tradition; der Animus nimmt den Spruch auf und schreit ihn ihnen bei jeder Gelegenheit durch sein Megaphon zu, oder er tropft ihn ihnen heimlich wie Gift ins Ohr.

Schlimm aber wird es für eine solche Frau, wenn sie einem Psychologen in die Hände fällt, der annimmt, daß ihre weibliche Seite Verstärkung brauche. Das verstärkt die Animusstimmen hundertfach, und die arme Frau ist in einem Teufelskreis gefangen. Jegliche Selbstverteidigung wird ihr als unberechtigte Animusaggression ausgelegt und auf sie zurückgeschleudert. Der kleine Bösewicht, der ihr erzählt, daß sie nichts tauge und nichts wert sei, wird derweil dick und rund und lacht sie triumphierend aus. Angriffe von außen auf den aggressiven Animus füttern diese boshafte Animusfigur, die der Frau weit gefährlicher ist. (Ich komme später auf ihn zurück.)

Der einzige Ausweg aus diesem Engpaß ist für sie die Anrufung ihres hilfreichen Animus. Sie muß ihm aufrichtig mitteilen, daß sie kein Kind haben will und daß sie ernstlich danach strebt, auf einem anderen Gebiet kreativ zu werden, etwa dem intellektuellen, dem künstlerischen oder im Bereich bewußter menschlicher Beziehung, der ihr als Frau am kostbarsten ist. Dann hören die Beschimpfungen auf, und die Ketten fallen von ihr ab. Sie kann erleichtert aufatmen und sich selbst so akzeptieren, wie sie ist: als einen Menschen mit geistigen Bestrebungen, dessen Bestimmung es ist, eine Frau zu sein, nicht aber sich fortzupflanzen. Wenn sie sich so annimmt, wird ihre Energie freigesetzt für ihre Entwicklung gemäß der eigenen Bestimmung.

Zugleich erfüllt sich das Bedürfnis der Frau nach einer lebendigen Beziehung zu einem Mann, sei es nun ein realer Mann oder ihr eigener kreativer Animus. Freilich ist es leichter, sich mittels der Beziehung zu einem Mann auf den eigenen kreativen Animus zu beziehen. Durch ihr klares Bekenntnis, daß sie ihren eigenen Weg gehen will und nicht den naturgegebenen, gewinnt sie einen Freund und Verbündeten im Animus, der sie zuvor bekämpfte, weil er es nicht besser wußte, aber der ihr jetzt hilft, die Ziele zu erreichen, die er zuvor sabotierte. Offensichtlich muß er tätig sein und leuchten, ihm ist es einerlei, wohin die Dinge führen. Beziehung, Zärtlichkeit und Behutsamkeit bedeuten ihm nichts. Er ist ein Archetyp, ohne jegliche menschliche Regung.

Es sei festgehalten, daß Wissen an sich nicht vom Animus beschafft wird. Er hilft der Frau, benötigtes Wissen in Büchern zu finden, indem er die Seite beleuchtet, damit sie die Worte lesen kann. Ob sie diese Worte versteht, hängt ebenso von ihrer Erziehung und ihrer Denkfähigkeit ab wie von seinem Fokussieren. Es ist eine Frage des psychologischen Typs, nicht des Animus. Und wenn das Wissen in ihr selbst bereitliegt, in der Sammlung des kollektiven Unbewußten, ist es wieder die Aufgabe des Animus, sein Licht darauf zu richten und ihr beim Sammeln zu helfen.

Ein Mann wird durch seine Anima inspiriert. Sie ist für ihn die Quelle, aus der er trinkt. Sie hütet die Schätze in ihrem Schoß und gibt sie ihm, wenn er für ihre Geschenke bereit und empfänglich ist. Ihre Ausformung ist dann Sache seines männlich unterscheidenden Geistes. Sie ist seine femme inspiratrice, seine Aufgabe ist es, der Inspiration Form zu geben.

Die Inspiration der Frau hingegen ist nicht der Animus. Er hütet keine Schätze. Der Frau ist undeutlich bewußt, daß sie selbst mit der Quelle in Berührung steht, so undeutlich, daß sie kaum davon sprechen kann. Sie braucht den Animus mit seinem Licht dringend, um die Dinge zu beleuchten, die sie zutiefst von Anbeginn an kennt, damit sie ihr dunkles Wissen erkennen kann. Er bringt ihr keine Schätze herauf, doch er wirft das Licht seiner Fackel auf einen der ungezählten Edelsteine, die in ihrem Schoß ruhen, und sie kann ihn nun in die Hand nehmen und anschauen. Ohne seine Hilfe kann sie ihr Haar nicht flechten und ihre wortlosen Lieder nicht dichten, mit ihm kann sie den farbigen Duft ihrer Welt einfangen und sich selbst vor Augen führen.

Die Frau heute lebt in einem ständigen Konflikt: Sie fühlt sich vom Unbewußten bedroht, und zugleich braucht sie ihren eigenen wesentlichen Kontakt zu ihm; auf diesem Kontakt beruht ihre weibliche Stärke, ohne ihn ist sie ein Pseudo-Mann. Ihre Aufgabe ist unglaublich schwierig: Sie braucht das fokussierte Bewußtsein, das der Animus ihr vermittelt, und sie darf die Rolle des weiblichen Vermittlers für den Mann nicht aufgeben. Denn der Mann findet seine Seele durch eine Frau, nicht durch einen Pseudo-Mann. Und durch einen Mann findet die Frau den Animus, mit dessen Hilfe sie ihre nie verlorene Seele ausdrücken kann. Ihr brennendes Bedürfnis ist es, der eigenen ahnenden Wahrnehmung zu vertrauen, zu erkennen, was sie weiß, und zu lernen, davon zu sprechen; denn erst wenn ihr Wissen Ausdruck gefunden hat, weiß sie es wirklich.

Wie kann eine Frau unterscheiden, ob der Animus ihr etwas Sinnvolles zeigt, das sich mit ihrer Wahrheit verträgt, oder ob er sie mit einem Schlagwort in die Irre führt? Es gibt ein sehr einfaches Merkmal, nämlich festzustellen, ob das Gezeigte mit einem spürbaren Klick einrastet oder nicht. Ein Analytiker interpretiert einen Traum, und wir schütteln den Kopf dazu. Oder er gibt eine Deutung, die bei uns Herzklopfen verursacht und uns weinen läßt, und wir wissen, daß es eingerastet hat, daß es stimmt. Das gleiche gilt in der Unterhaltung mit dem eigenen hilfreichen Animus.

Er wirft sein Licht auf alle möglichen Sachen, und nichts rastet ein. Und es ist wichtig, daß wir ihm klar sagen: »Nein, das ist es nicht, versuch es noch einmal.« Andernfalls geraten wir in die Gefahr, ein Animusdiktat zu schlucken, und zwar genau jenes Animusdiktat, das besagt, daß wir alles aus dem Unbewußten Kommende unbesehen anzunehmen hätten. Sind wir hingegen bewegt und weinen, so stimmt die Animusaussage für uns, denn Tränen begleiten die Wahrheit einer Frau. Emotionale Antworten führen eine Frau sicher zu dem, was ihr zugehörig ist. Selbst wenn sie herausfindet, was zu ihr gehört, ist es noch schwierig genug, das ihrem Animus zu vermitteln; sie fokussiert nicht genügend, um ihre Ideen ausformulieren zu können, und ihr fehlen angemessene sprachliche Möglichkeiten.

Eine Frau benutzt die Sprache, die sie gelernt hat, und paßt sie ihren Vorstellungen und Ideen an, und sie merkt nicht, daß ihr Ehemann mit den gleichen Worten etwas anderes meint.

Zwei Worte sind in diesem Zusammenhang besonders zu erwähnen, »Liebe« und »Geist«. Über Liebe mehr an anderer Stelle. Das Wort »Geist« stiftet große Verwirrung zwischen Männern und Frauen und zwischen einer Frau und ihrem Animus.

Für eine Frau beinhaltet Geistigkeit und Spiritualität Beziehung im höchsten Sinne, ihre Beziehung zu Gott in jenen flüchtigen Momenten der Wahrnehmung seiner Gegenwart: unter dem überwältigenden Eindruck eines blühenden Kirschbaumes oder den rhythmischen Furchen eines frisch gepflügten Feldes, im Augenblick einer unvergeßlichen Vereinigung mit einem anderen Menschen oder allein in der Stille ihres Schweigens. Der Moment der Ergriffenheit ist für sie Beziehung. Doch im allgemeinen wird »spirituell« nicht in diesem Sinne verstanden. Für viele Frauen entspricht »Geist« einer unmittelbaren Erfahrung der göttlichen Gegenwärtigkeit.

Dieser Unterschied im Gebrauch der Wörter verwirrt sie oft so sehr, daß sie von ihrer Verwirrung nicht sprechen kann. Sie sagt ihrem Mann nicht, daß sie nicht versteht, was er da gesagt hat, und sie spricht auch mit dem eigenen hilfreichen Animus nicht von ihrer Not. Sie ist vollends verwirrt, wenn der Analytiker mit dem Ausdruck »spiritueller Animus« etwas Ungutes belegt, das sie dem Leben entfremdet. Freilich gibt es Animusfiguren, die eine Frau ihrem Leben entfremden: der Vertreter der kollektiven Meinungen und der Du-sollst-Vorstellungen, der intellektuelle Sonderling, der puritanische Moralist und der Pseudo-Mystiker. Jeder von ihnen kann eine Frau vom Leben weglocken, aber wir wollen diese Animusfiguren nicht spirituell nennen, denn das wäre mißverständlich; das Wort »spirituell« rührt für eine Frau an das Höchste und beinhaltet für sie eine fast heilige Bezogenheit, die niemals destruktiv sein kann, weil sie ihrem Leben Bedeutung gibt.

Der Ausdruck »spiritueller Animus« ist für eine Frau ein Widerspruch in sich. Der Animus ist seiner Natur nach ein unmenschlicher Geist und seinem Wesen nach nichtbezogen. Das Wesen aller Spiritualität aber ist für sie Beziehung. Vielleicht sollte der Animus nur dann spirituell genannt werden, wenn es einer Frau gelungen ist, eine lebendige Beziehung mit ihm einzugehen, und wenn er ein zuverlässiger, kooperativer Freund geworden ist.

Sobald eine Frau im Gespräch mit dem Animus über eine Unstimmigkeit aufrichtig ihre eigene Situation vertritt, hört er auf, sie mit Schlagworten abzufertigen. Vielleicht kann er ihr zeigen, an welcher Stelle sie die Bedeutung eines Vorgangs nicht verstanden hat. Vielleicht kann sie in einem plötzlichen Aufleuchten seines Lichtkegels erkennen, daß ihre »Liebe« ein natürliches Geschehen war, ein Aufsteigen der Säfte und Kräfte der Natur in ihr. Um wirklich zu lieben, braucht sie die Kooperation des Animus-Partners, der sie anleitet, maßvoll im Geben zu sein. Es ist nicht Liebe, ein Kind mit mehr Milch, als es trinken kann, zu überschwemmen, und es ist nicht Liebe, einen Mann, der einen Schluck Wasser braucht, in einem Wasserfall zu ertränken.

Vielleicht kann sie ihrerseits dem Animus verständlich machen, daß für sie Bezogenheit wesentlich ist, und vielleicht auch einem Mann, der noch nicht davon wußte.

Eine bestimmte Animusfigur ist eine schlimme Plage: jener Animus, der ihr erzählt, daß sie nichts tauge. Er ist gefährlich, denn er spricht allein zu ihr und macht sie dabei so niedergeschlagen, daß sie niemandem davon erzählt und nirgends um Hilfe bittet. Jede Kritik von außen, und sei sie freundlich gemeint, füttert diesen destruktiven kleinen Bösewicht. Er wird besonders aufdringlich, wenn die Aggressionen der Frau aus der Ohnmacht stammen, daß sie sich nicht verständlich machen kann, aus der hilflosen Verteidigung ihres inneren Wissens, für das sie keine Worte findet. Wer immer den aggressiven Animus angreift, unterstützt diesen Dämon, der sie mit seinem Schreien und Flüstern fast erdrückt: »Siehst du wohl, du taugst nichts.«

Doch auch dieses kleine Ekel kann zu einer Bereicherung führen, wenn ich ihm fest entgegentrete: »Wie kommst du dazu, mir zu sagen, daß ich nichts tauge? Das und das habe ich getan, das alles habe ich erreicht, das habe ich durchgestanden, und jene Krise habe ich ausgehalten.« Und allmählich führen wir uns in dieser Konfrontation alle unsere guten Qualitäten und Lebensleistungen vor Augen. Und gegenüber dieser Ansammlung positiver Eigenschaften und Fähigkeiten sieht das »Du taugst nichts« schließlich ziemlich albern und dümmlich aus. Mit anderen Worten, diese kleine giftige Stimme zwingt mich, mir bewußt zu werden, wer ich wirklich bin. Und so fördert sein Gift die Heilung.

Sobald der Animus zum verläßlichen Freund geworden ist, kann eine weitere Entwicklung beginnen. Ich spreche darüber mit Zurückhaltung und aus meiner eigenen Erfahrung. Das ist seine Botschaft: Der Animus kann und soll sich wandeln. Seine Wandlungsfähigkeit ist offensichtlich, seine moralischen Vorstellungen unterscheiden sich von Ort zu Ort und von Zeit zu Zeit.

Jeder einzelne ist dafür verantwortlich, ihn zu ändern. Wenn Frauen zu ihren weiblichen Werten stehen und ihm immer wieder sagen, wo sie stehen, ändern sich seine Äußerungen fast unmerklich, den Frauen selbst und auch anderen Frauen gegenüber. Wenn wir unserem hilfreichen Animus wieder und wieder mitteilen, daß für uns lebensfeindliches Verhalten unerträglich und unverzeihlich ist, tragen wir schließlich in einem winzigen Ausmaß zu einem Gleichgewicht zwischen den beiden großen, unbarmherzigen Kräften bei: der ungezähmten Natur und dem unnachsichtigen Geist.

Darüber hinaus wandelt sich in jeder engen Mann-Frau-Beziehung die Einstellung des Mannes, oft ohne alle Erklärungen und Worte, wenn die Frau zu ihren Gefühlen und zu ihrer Wahrheit steht und eine aufrichtige Beziehung zu ihrem Animus herstellt. Ich habe diesen Wandel oft in schwierigen Ehen gesehen, wenn nur die Frau eine Analyse macht.

Wie geschieht das? Die Frau hört auf, den Aspekt des negativen Animus auf ihren Mann zu projizieren; das befreit ihn von einer Last und läßt ihn leichter leben.

Wenn es einer Frau schließlich gelungen ist, den Feind Animus zum Freund zu gewinnen, den sie getreulich über ihre tiefsten Gefühle informiert, dann kann es vielleicht geschehen, daß eben diese Gefühle in den Boden sickern und auf diese Weise die Gedanken und Ideen des Mannes selbst bewässern.

Der zweite Apfel

Adam aß den Apfel, den Eva ihm anbot, und er wurde aus dem Paradies vertrieben. Er war nicht länger unschuldig, er hatte ein Stück der göttlichen Kreativität gestohlen: die Macht zu wählen.

Es stand nun in der Macht des Mannes, sich der Natur zu widersetzen oder ihr zu gehorchen. So kam die Sünde in die Welt. Ein Tier kann nicht sündigen, es hat keine Wahl, es gehorcht den Gesetzen seines Daseins. Allein der Mensch kann sündigen.

Seit jenem unglückseligen Ereignis mit dem Apfel fühlen Männer sich schuldig, und sie geben sich alle Mühe, den Frauen auch Schuldgefühle beizubringen.

Das Gefühl der Sünde in bezug auf den Sexualakt ist der weiblichen Psychologie ursprünglich fremd, es ist ihr durch den Mann auferlegt und durch die Kirchen verstärkt worden. Aller Unsinn über den Wert der Jungfräulichkeit, »kostbarer als das Leben«, ist Ausdruck männlicher Besitzansprüche. Nach meiner begrenzten Erfahrung haust im Unbewußten der meisten Frauen der Wunsch nach Vergewaltigung, entsprechend der Überwertigkeit der Virginität im Bewußtsein. Ursprünglich bedeutete Jungfräulichkeit nicht Mangel an sexueller Erfahrung. Die »jungfräulichen« Göttinnen waren sich selbst genug, niemandem untertan, und das schloß den Umgang mit Männern der Fertilität wegen nicht aus. Ohne Zweifel und mit gutem Grund fürchtet die Frau Sex. Eine sexuelle Begegnung kann ihr ganzes Leben verändern. Die abessinische Frau drückt das, nach Kerényi, so aus:

» ... einschneidend ist der Tag, an dem eine Frau ihre erste Liebe erfährt. Sie wird an diesem Tage zu einer anderen Frau. Der Mann ist nach seiner ersten Liebe derselbe, der er vorher war. Die Frau ist vom Tage ihrer ersten Liebe an eine andere. Und das setzt sich durch ihr ganzes Leben hindurch fort ... Immer muß sie so sein, wie ihre Natur ist. Immer muß sie Mädchen und Mutter sein. Vor jeder Liebe ist sie Mädchen, nach jeder Liebe ist sie Mutter ... «

Diese Aussage gilt für die meisten Frauen. Darüber hinaus besteht Angst vor der Illegitimität, die noch immer von der Gesellschaft mit einem sozialen Stigma belegt wird. Die Einstellung des Mannes zur Sexualität hat sich seit Freud gewandelt. Er hat den

Apfel vom Baum der Erkenntnis ziemlich gut verdaut und vom gleichen Baum einen zweiten Apfel gepflückt und Eva angeboten. Er hat die Empfängnisverhütung erfunden.

Damit öffnen sich dem menschlichen Bewußtsein weite, neue Bereiche. Empfängnisverhütung macht es Männern und Frauen möglich, sich tiefer als je zuvor zu erniedrigen und spirituelle Höhen zu erreichen, die bis dahin den ganz wenigen vorbehalten waren.

Eva befreite Adam aus der blind gehorsamen Gefolgschaft der Natur. Adam befreite Eva von der Unausweichlichkeit ihres biologischen Rhythmus. Beide Äpfel haben neue Möglichkeiten eröffnet, die weit über die sexuellen Einstellungsänderungen hinausgehen.

Fast gierig hat Eva von der neuen, gestohlenen Frucht gegessen.

Es wurden Energien für neue Anliegen frei, die bislang für sie, ohne sie unbedingt unglücklich zu machen, durch das Austragen, Gebären und Aufziehen vieler Kinder verschlossen waren. Die neugefundene Freiheit gab ihr Aufschwung, und sie hat ihren Weg durch allerlei Hindernisse hindurch gefunden. Manchmal mögen Adam und Eva sich gefragt haben, ob es klug war, Eva den zweiten Apfel zu überlassen.

Es gibt kein Ungeschehenmachen, und jetzt ist es an der Frau, eine Schuld auf sich zu nehmen. Empfängnisverhütung ist für sie eine Sünde wider die Natur, in einem Maß, in dem einfache Sexualität das nie für sie war. Empfängnisverhütung ist Teil der modernen Suche nach Absicherung. Unsere Gesellschaft ist durchlöchert und krank von der Idee, alles sicher machen zu können. Wir versichern uns gegen jegliches Risiko, sogar unsere Liebe pressen wir in dieses erbärmliche Muster: »Liebe mit Sicherheit, nimm Direx«.

In der Tiefe ist der Frau das abscheulich und widerlich. Bei allem Fortschritt in der Medizin riskiert eine Frau ihr Leben bei der Geburt eines Kindes. Liebe, die nicht alles riskiert, ist auf traurige Weise um ihre Größe gebracht. Wenn alles zu riskieren auch eine Schwangerschaft bedeutet, ist die Frau im Grunde bereit, ihr Leben bei der Geburt oder notfalls Fehlgeburt zu riskieren. Frauen, die mit ihrer weiblichen Natur in Berührung stehen, können nicht auf Nummer Sicher gehen, ohne daß eine Spur von Schuld in ihnen zurückbleibt, wie unbewußt auch immer.

Der Apfel ist verzehrt, und es gibt kein Zurück mehr. Nun ist auch sie mit der Sünde, die der Wahl innewohnt, belastet. Früher hatte sie keine Wahl, außer die Natur gänzlich zu verleugnen und eine Nonne zu werden.

Das stimmt nicht ganz, immer gab es für die wenigen Mutigen den engen Ausweg aus dem kontinuierlichen Fortpflanzungszyklus durch eine Abtreibung. Vermutlich wird sie seit vorgeschichtlicher Zeit praktiziert. In der Literatur finden sich Hinweise auf alte Frauen, die von Mädchen in Schwierigkeiten aufgesucht wurden. Hinter dem Rücken der Kirche und der gestrengen Ehemänner verabreichten diese alten Frauen Liebestränke und führten Abtreibungen durch.

Mir erscheint es seltsam, daß Abtreibung Männern weit unannehmbarer ist als Frauen, vorausgesetzt, daß die Frau selbst das Kind ablehnt und nicht gezwungen wird, ein Baby abzutreiben, nach dem sie sich sehnt.

Die Vernichtung eines begonnenen Lebens erscheint der Kirche und dem zivilisierten Mann abstoßender als Empfängnisverhütung, anders als der Frau auf einer tiefen instinktiven Ebene. Freilich ist es für einen Mann kränkend, wenn eine Frau »seinen« Samen abtreibt. Ihr ist der Same nur heilig, wenn sie den Mann liebt. Wenn ihre Liebe tief ist, akzeptiert sie das neue Leben bedingungslos. Wo keine Liebe besteht, ist sie nicht sentimental. Vielen Frauen ist ein Fötus von ein oder zwei Wochen emotional gleichgültig. Der Tod ist ein Teil des Lebens. Die Frau, tief und eng mit dem Leben vertraut, kann mit dem Tod umgehen. Sich einer unerwünschten Schwangerschaft zu entledigen steht für sie weitgehend im Einklang mit der Natur, so wie eine Katzenmutter einem schwächlichen Kätzchen die Milch verweigert.

Der Mann hat die Unantastbarkeit des Lebens zum Prinzip erhoben, das er nur unvollkommen verwirklicht, und Frauen haben es mit Begeisterung adoptiert als ihr eigenes. Prinzipien und abstrakte Ideen sind in der weiblichen Psyche nicht zu Hause. Der Grundinstinkt der Frau ist mit den Tatsachen, nicht mit der Idee des Lebens befaßt. In ihrem Gefüge ist die Grausamkeit der Natur enthalten, die ungewolltes Leben verwirft.

Natürlich ist die Frau heute in ihrem Selbstbild weit von der grausamen Natur entfernt. Zivilisation beruht auf der Überwindung der Natur. Ohne den ersten Apfel, mit dem Eva Adam in Versuchung führte, gäbe es keine Zivilisation. Doch durch diese

Versuchung wurde auch die Frau zivilisiert. Die spontanen Reaktionen vieler Frauen und Mädchen auf die Thalidomide (Kontergan)-Zwischenfälle haben mich überrascht: »Natürlich sollten sie abgetrieben werden! Es ist ein Verbrechen, eine Frau zu zwingen, ein Kind auszutragen, das sie für deformiert hält!« und: »Es ist unglaublich, daß ein Mann entscheiden soll, ob eine Frau ihr Kind austrägt oder nicht.«

Christliche Moral ist das nicht, eher ein spontaner Ausdruck von Naturgesetzlichkeiten, die ihre eigene Moral haben. Vielleicht muß die Natur überwunden werden, doch wir begeben uns in Gefahr, wenn wir sie ignorieren.

Wie wirkt sich eine Abtreibung auf eine moderne, zivilisierte Frau aus? Über Jahre bin ich den Störungen nachgegangen, die bei meinen weiblichen Patienten in der Folge von Abtreibungen aufgetreten sind. Ich hielt diese Störungen für Nachwirkungen der Abtreibung, von der ich annahm, daß sie der weiblichen Psyche zuwider wäre. Jetzt bin ich überzeugt, daß ungute und bleibende Folgen nicht der Abtreibung als solcher zuzuschreiben sind, sondern durch unsere Abtreibungsgesetze künstlich herbeigeführt werden. Abtreibungen sind seit undenklichen Zeiten von Frauen vorgenommen worden, und die Möglichkeit ist in einer tiefen Schicht der Psyche vorgegeben.

Die Abtreibung wurde für illegal erklärt, um Leben und Gesundheit der Frauen zu schützen, die mit der Abtreibung ein bedrohliches Risiko eingingen, und um den moralischen Bedenken der Kirche Genüge zu tun.

Die Frauen heute brauchen weniger Schutz als Hilfe. Sie sind in einem viel stärkeren Maße bewußte Individuen, sind nicht länger mit Elternschaft allein zufrieden. Sie sind erzogen worden, an gesellschaftlichen Prozessen Anteil zu nehmen, und in ihren Ehen achten sie darauf, in gleichem Maße dem Ehemann Partner und den Kindern Mutter zu sein.

Die Familienplanung, heute allerseits geachtet und anerkannt, kommt ihnen zu Hilfe. Selbst die Katholiken, denen mechanische Kontrazeptiva nicht erlaubt sind, planen ihre Familien mittels der Rhythmusmethode. In dem Augenblick jedoch, in dem durch Fehlkalkulation eine Schwangerschaft eintritt, befindet die Frau sich in einer unmöglichen emotionalen Situation, gefangen durch unsere veralteten Abtreibungsgesetze.

Ein solches Gefangensein empfindet auch manch starke und ausgeglichene Frau von hoher persönlicher Integrität, der ein Kind unerwünscht ist. Vielleicht ist sie unverheiratet und hält es für falsch, ein Kind ohne Vater aufzuziehen. Vielleicht ist sie Mutter mehrerer Kinder und weiß um ihre Überforderung durch ein weiteres Kind. Oder es geht um das Wohl des Ehemannes, der auch Beachtung braucht und wenig davon erfährt in den von Haushaltspflichten überlasteten Tagen, solange die Frau ein Baby hütet. Manchmal verlangt die Liebe, daß wir uns der Natur verweigern. Aus welchem Grund auch immer, eine solche Frau fühlt sich, wenn sie schwanger wird, in einer Falle gefangen.

Das Gesetz erlaubt einer Frau die Lösung des gesunden Menschenverstandes nicht, eine unerwünschte Schwangerschaft ohne Verzug zu beenden, es sei denn, durch die Weiterführung wären Leben und Gesundheit bedroht. Erst wenn eine Frau geistig und nervlich zusammenbricht, ist der Abbruch legal.

Auch wenn die Ärzte mitfühlend sind, können sie ihr nicht helfen, weil ihnen die Hände durch das Gesetz gebunden sind. Für die entschlossene Frau bestehen zwei Möglichkeiten. Sie riskiert unter den Händen eines illegalen Abtreibers Leben und Gesundheit sowie die mögliche Entdeckung und strafrechtliche Verfolgung. Oder sie geht von Arzt zu Arzt und verlangt einen legalen Schwangerschaftsabbruch; jeder wird ihr bestätigen, daß sie völlig vernünftig ist, und sie an den nächsten verweisen, bis die Spannung sie nervlich zerrüttet. Sobald ihr attestiert wird, unmittelbar vor dem Zusammenbruch zu stehen, kann eine Abtreibung legal erfolgen.

Und ich frage, wie wirkt sich ein solcher Verlauf auf ihre Ehe aus? Den Folgen dieses Kampfes stellen die Männer sich nicht, wie sie eigentlich sollten. Einer Frau ist das harmonische Zusammenwirken von Psyche und Körper ein Bedürfnis, und das geschieht in einer freudig akzeptierten Schwangerschaft.

Eine Frau, die entschlossen ist, ein ungewolltes Kind nicht auszutragen, ist im Zwiespalt, denn ihr Verstand wehrt sich gegen die Realität ihres Körpers. Die Spaltung verschärft sich mit jedem Tag des Verzögerns. Die Hindernisse, die ihr in den Weg gelegt werden, führen zu Schuldgefühlen, die ursprünglich nicht ihre eigenen sind, sondern von der Gesellschaft auf sie projiziert werden. Den Fötus hätte sie leicht abtreiben können, ohne ihre Natur und sich selbst zu verletzen; mit jedem Tag wird er mehr zu einem Kind, das ihre Liebe herausfordert, und der rechte Weg wird ihr immer unklarer. Die Gesellschaft sagt ihr, daß ihr Verlangen ein Verbrechen sei, für sie selbst jedoch ist es ebenso unmoralisch, ein Kind, das sie nicht haben wollte, zur Welt zu bringen.

Spaltung und Verwirrung nehmen zu, bis sie zusammenbricht und ihr eine legale Abtreibung zugebilligt wird oder bis sie schließlich eine illegale sich erkauft. Auf jeden Fall hat sie in diesem Kampf ihr Gleichgewicht verloren.

Von dieser künstlich herbeigeführten Spaltung erholen sich manche Frauen nie wieder. Wenn sie im späteren Leben frigide werden oder wenn Spannungen in der Ehe auftauchen, wird dem Schwangerschaftsabbruch dafür die Schuld gegeben. Ich bestreite das mit Nachdruck. Die Schuld sollte klar unseren veralteten Abtreibungsgesetzen und ihren Konsequenzen zur Last gelegt werden, und es sollte anerkannt werden, daß die Ehemänner letztlich ebenso tief leiden wie ihre Frauen. Es muß einer Frau erlaubt sein, auch ihrer Ehe wegen, selbst zu entscheiden, ob sie ein Kind austragen will oder nicht. Es ist für sie unzumutbar und beleidigend, daß eine männergesteuerte Gesellschaft ihr diese Entscheidung vorenthält. In einer Gesellschaft, die Frauen gleiche Rechte und Pflichten zugesteht, ist es unannehmbar, daß Frauen in ihrem ureigensten Bereich von Schwangerschaft und Geburt Gesetzen unterworfen sind, die ihre persönliche Verantwortung negieren. Diese Unbill muß aufgehoben werden.

Bislang habe ich von den Auswirkungen der Abtreibungsgesetze auf die Frauen gesprochen. Was wird aus dem ungewollten Kind, das die weniger entschlossene Frau austrägt? Ungewollte Kinder sind prädestiniert für Kriminalität und unglückliche Neurosen, das ist ein heute gesichertes Wissen. In jedem Jahr besteht der Staat auf der Geburt tausender ungewollter Kinder, doch niemand scheint einen Zusammenhang zwischen den beiden Fakten zu sehen.

Viele Frauen, die sich gern einer unerwünschten Schwangerschaft entledigt hätten, wenn es nicht so schwierig gewesen wäre, werden schließlich hingebungsvolle Mütter. Diese Beobachtung rechtfertigt in meinen Augen die Verweigerung der Abtreibung nicht.

Ich wünsche mir, daß den Frauen die Entscheidung über ihre Schwangerschaften übertragen wird. Zweifellos würden manche

Frauen, verheiratet oder unverheiratet, ihre Entscheidung, eine Schwangerschaft zu beenden, in späteren Jahren bitter bereuen. Wir lernen schließlich aus unseren Fehlern. In meinen Augen ist es nicht Aufgabe des Gesetzgebers, Frauen vor ihren eigenen Fehlern zu bewahren.

Ich warte auf den Tag, an dem Frauen ihre illegitimen Kinder ohne sozialen Makel austragen und aufziehen und zugleich volle Verantwortung dafür übernehmen, ungewollte Schwangerschaften *nicht* auszutragen.

Ich befürworte den leichtfertigen Schwangerschaftsabbruch nicht. Das Für und Wider sollte zuvor ernstlich im Gespräch mit Arzt, Psychologen und Geistlichem erwogen werden. Ebenso wie die Frauen brauchen die Ärzte die Entlastung von Gesetzen, die sie, gegen bessere Einsicht im besonderen Fall, auf ein bestimmtes Handeln oder Nichthandeln festlegen. Wären die Gesetze geändert, könnte der Arzt Frau und Mann über Gefahren und Folgen einer Abtreibung aufklären und beraten, die letzte Entscheidung jedoch der Frau überlassen. So wichtig die Wünsche des Vaters sind, die Frau trägt das Kind in ihrem Leib, und ihre Einstellung zur Schwangerschaft wird das Kind ein Leben lang beeinflussen. Die letzte Entscheidung sollte bei ihr liegen.

Mit der Freiheit, ihr Sexualleben selbst zu bestimmen, ist der Frau auch die Last der Verantwortung einer Wahl zugefallen. Ihr muß erlaubt sein, diese mit allen Konsequenzen zu übernehmen. Paradoxerweise kann sie ihrer psychischen Schwangerschaft nicht entgehen: nämlich ein bewußtes und voll verantwortliches menschliches Wesen zu werden. Der zweite Apfel, den Adam Eva gab, kann nicht zurückgegeben werden.

Brücken

Fast jeden Tag bin ich auf die eine oder andere Weise in Mann-Frau-Beziehungen verwickelt. Ich habe gelernt, daß es keine allgemein gültigen Antworten auf ihre Fragen gibt. Die Menschen gleichen sich nicht, und Beziehungen müssen verschieden sein.

Im Zuge der heutigen Bewußtseinserweiterung haben Frauen ihre maskulin-kreative Seite entwickelt und sind in die männliche Welt des Denkens und Handelns eingetreten; Männer sind rezeptiver und offener geworden für eine unterirdische Sphäre, in der bis dahin die Frauen allein, schweigend und halbbewußt zu Hause waren. Früher standen nur Künstler im Kontakt mit der weiblichen Welt.

Beide Geschlechter sind in die Domäne des anderen eingedrungen; Mann-Frau-Beziehungen sind nicht mehr einfach zu beschreiben. Nach einer halb scherzhaften Definition gibt es nicht zwei, sondern sechs Geschlechter: Männer, Frauen, Homosexuelle, Lesbierinnen, Bisexuelle und Neutra. Psychophysische Abweichungen sind häufiger, als wir annehmen. Ich beschreibe hier notgedrungen die Norm, auch wenn ich sie nie vorgefunden habe.

Ich nenne dieses Kapitel »Brücken«, denn ich will darstellen, daß eine freie Beziehung einen gewissen Grad der Trennung zwischen den einzelnen Menschen verlangt.

Wenn zwei Menschen sich ineinander verlieben, sind sie vollständig ineinander verschlungen; wenn sie getrennt werden, wird ein lebendiges Wesen gleichsam in Stücke gerissen. Zusammen sind sie ein Ganzes, getrennt zwei blutende, verstümmelte Hälften. Miteinander ein Ganzes, das haben wir alle einmal beglückend erfahren, wenigen bleibt dieser Zustand lange erhalten. Mit dem Begriff einer »freien Beziehung« ist etwas anderes gemeint.

»Beziehung« ist ein kaltes Wort, ihm fehlt jede Vibration, wie wir sie in dem Wort »Sippe« spüren oder in dem Wort »Liebe«, mit seinen vielen Anklängen. »Beziehung« kann der Name sein für eine große, schöne Sache oder für fast nichts. Ich will den Begriff so weit fassen, daß er zum Beispiel mein freundschaftliches Verhältnis zu meinem Gärtner einschließt, angenehm und leicht gefärbt von der Tatsache, daß er ein Mann ist und ich eine Frau bin, wie auch die intimste Beziehung zwischen den Geschlechtern.

Ich setze Beziehung nicht mit Liebe gleich, und ich spreche hier nicht über Liebe. Ich glaube, Liebe ist etwas völlig anderes. Wir können eine Brücke der Beziehung bauen, wir können nicht Liebe bauen. In reichen Beziehungen ist auch Liebe gegenwärtig, und wenn sie vorübergehend oder bleibend verschwindet, dauert eine wertvolle Beziehung vielleicht fort. Liebe ist größer als alle Brücken. Mehr über Liebe in einem späteren Kapitel.

Die Brücken zwischen zwei getrennten, einzelnen Menschen werden mit Mühe aufgebaut. Mich beschäftigt die Frage, wie wir uns davor bewahren können, sie selbst zu unterminieren. Ich werde überwiegend die Brückenseite der Frau im Auge haben und von ihr aus sprechen, weil ich sie unmittelbar kenne.

Zwischen einem Mann und einer Frau gibt es einen ursprünglichen, unausweichlichen Unterschied: Das Mädchen stammt von einem Wesen ab, das ihm gleicht. Die traumatische Erfahrung des Geborenwerdens ist für das Mädchen doch eine Weiterführung seiner Identifikation mit der Mutter. Beide bleiben über Jahre miteinander identifiziert; die Mutter lebt in der Tochter, und das kleine Mädchen lebt das Leben der Mutter und nimmt an ihren Aktivitäten teil, sobald sie tätig sein kann. Die beiden lieben sogar denselben Mann.

Der kleine Junge hingegen stammt von einem Wesen ab, das anders ist als er. Auch für ihn ist die Mutter der erste Mensch, den er kennt, doch von der ersten Wahrnehmung an ist er anders als sie, und ihre Interessen sind verschieden.

Diese elementaren Fakten widerlegen die Behauptung von Simone de Beauvoir, die unterschiedlichen psychologischen Einstellungen bei Jungen und Mädchen beruhten allein auf den Unterschieden, die die Eltern in der Erziehung und in ihren Erwartungen machen. Unterschiedliche Einstellungen bei Jungen und Mädchen sind von Anfang an sichtbar.

Ich habe ein kleines Mädchen von drei Monaten vor Erregung zittern sehen, als sie unter einem blühenden Apfelbaum lag; ihre Brüder waren im gleichen Alter von sich drehenden Rädern fasziniert, die ihr ziemlich gleichgültig waren. Ein Mädchen von zweieinhalb Jahren war sich seiner weiblichen Rolle voll bewußt; ein Mann, der ins Haus kam, ging auf ihr Flirten nicht ein, und am Abend sagte sie beim Zubettgehen zu ihrer Mutter: »Komischer Mann, sieht aus wie ein Mann.«

Dieser ursprüngliche Unterschied, der Mutter ähnlich oder unähnlich zu sein, hinterläßt wahrscheinlich in Frauen und Männern eine Struktur, die im späteren Leben als unbewußte Erwartung erscheint, wie eine Beziehung sein sollte.

Frauen suchen eher die Identifikation mit dem Menschen, den sie lieben. Eine Frau folgt ihrem Mann gern, sie ändert ihre politischen Ansichten und ihre Religion in dem Bestreben, wieder das Gefühl des Einsseins mit dem anderen zu erlangen, das sie zu Beginn hatte. Auch die moderne Frau, die dem Mann bewußt zugesteht, sein eigenes Leben zu leben, ohne ihr Rechenschaft zu geben, und die das gleiche auch für sich selbst in Anspruch nimmt, wünscht doch an seinen innersten Gedanken und Gefühlen Anteil zu nehmen, weil das für sie das Wesen einer Beziehung ausmacht.

Nicht so der Mann. Für ihn ist Trennung unvermeidlich, und die Insel, die durch das Getrenntsein entsteht, ist für ihn der Ort, von dem aus er sich bezieht. Die Versuche der Frau, sein Innerstes zu ergründen, werden von ihm als Bedrohung, verschlungen zu werden, erlebt. Manchmal erscheint sie ihm wie eine Sirene aus der Tiefe, die ihn in ihren Bannkreis lockt, oder wie eine riesige Welle, die ihn überfluten könnte. Für eine Frau ist es nicht leicht zu verstehen, warum er sich bedroht fühlt. Sie selbst wird so leicht von der Welle getragen. Sie hat sich nie ganz von dem Wasser getrennt, in dem sie schwerelos im Mutterleib schwebte.

In jahrtausendelanger Anstrengung hat sich der Mann der unbewußten Matrix entzogen. Seine rationale Überlegenheit ist nicht sehr gesichert, und er fürchtet zu Recht, wieder überflutet zu werden. So oft es geht, vermeidet er Emotionen, und er bringt seinen Frauen bei, es ihm gleichzutun. Emotionale Ausbrüche sind für ihn verheerend.

Frauen fühlen sich daheim, wenn sie knöcheltief im Unbewußten waten. Sie können mit Emotionen umgehen. Für sie klärt ein Wutausbruch die Luft, und eine Tränenflut entlädt für sie gewitterhafte Spannungen. Eine Frau, die in ihrem Wunsch nach Identifikation mit ihrem Mann ihre Emotionen wie er unterdrückt, beraubt sich und ihn.

Immer wieder bemühen sich intellektuelle Männer, ihre Frauen zu ihrer eigenen rationalen Einstellung zu erziehen, und sie wenden sich von ihnen ab, wenn sie dieses Ziel erreicht haben. Oft begegne ich Männern, die wirklich versuchen, ihre Frau zu einem anderen Mann zu machen. Vielleicht fehlt ihnen die Reife, sich mit ihrem Gegenpol in Beziehung zu setzen, und sie suchen in ihren Frauen die leichte Geselligkeit, die Leute von gleichem Geschmack und gleicher Denkweise teilen können. Erst wenn dieser glückliche Zustand erreicht ist, merkt der Mann, daß etwas fehlt, und er tadelt die Frau für den eigenen Fehler. Mit dem Verlust ihres Kontaktes zum Irrationalen hört eine Frau auf, sie selbst zu sein, und ist nicht mehr die Frau, die seinem ursprünglichen Bedürfnis entsprach. Seltener, doch verheerend ist die umgekehrte Situation, in der eine Frau den Mann in ihre emotionale Sphäre hineinzieht; er gerät an den Rand des Zusammenbruchs.

Andere Männer, mit einem hohen Anteil Weiblichkeit in der eigenen Struktur, suchen eine Frau mit einer wohlentwickelten männlichen Seite, um ihrem Gegenteil zu begegnen. Wir finden hier einen Rollentausch zwischen Mann und Frau, der in unserer Generation unvermeidlich und nicht notwendigerweise ein Ausdruck von Unreife ist.

Und nun zu den Brücken. Jedes Interesse, das zwei Menschen teilen, bildet eine Brücke, auf der sie sich begegnen können. Das ist so offensichtlich, daß wir oft den Karren vor das Pferd schirren und allerlei gemeinsame Interessen an die Stelle der fehlenden emotionalen Bande setzen. Da gibt es Frauen, die Sonntag für Sonntag zum Fußball mitgehen, obwohl sie sich tödlich langweilen. Solch zerbrechliche Brücken bekommen leicht Risse. Männer sind weniger bereit, Langeweile der Beziehung wegen zu ertragen.

Letztlich ist natürlich Kommunikation das Fundament einer tragfähigen Brücke. Kommunikation heißt nicht notwendigerweise über Dinge reden. Spontane Reaktionen sind wertvoller als bemühte Worte. Oft genug blockiert Reden das gegenseitige Verstehen. Es klingt so leicht und einfach, offen zu sein und zu sagen, was wir meinen, und wir vergessen oft, mit wem wir reden. Manchmal nehmen wir nicht wahr, wer in Wirklichkeit redet. Keiner der beiden Partner in einer Beziehung ist ständig er selbst oder sie selbst; jedermann weiß das und vergißt es doch oft.

Endlose Verwirrungen tauchen auf, bis wir verstehen, daß es eine einfache Beziehung zwischen einem Mann und einer Frau nicht gibt und nicht geben kann. Wenigstens vier Persönlichkeiten sind jeweils beteiligt, der Mann und seine weibliche Seite, die Frau und ihre maskuline Seite. (Das Unbewußte eines männlichen Mannes ist gewöhnlich weiblichen Charakters und wird durch eine Frauenfigur dargestellt. Ähnlich ist das Unbewußte einer femininen Frau gewöhnlich männlichen Charakters und findet seine Darstellung durch eine oder mehrere Männergestalten.)

Die meisten Menschen sind sich dieser Phänomene bewußt, besonders wenn eine Sache nicht läuft, auch wenn wir im Alltag nicht in diesen Begriffen denken. Wenn ein Mann mißgelaunt und reizbar ist und nicht weiß, was ihm fehlt, ist seine unbewußte Weiblichkeit am Steuer. Er ist zu dieser Zeit unfähig, seine Gefühle auszudrücken, wie ein schüchternes Mädchen. Seine Inspirationen werden einem Mann aus der eigenen Weiblichkeit zuteil, und er, der Mann, gibt der Inspiration Form und Ausdruck.

Die Weiblichkeit ist unfähig, Worte zu finden. Für viele Frauen ist es schwierig, ihre Gedanken und Gefühle verbal auszudrücken. Das mag unsinnig klingen, weil Frauen doch sprichwörtlich als geschwätzig bekannt sind. Doch die redselige Frau ist tatsächlich von ihrer männlichen Seite besetzt wie der launische Mann von seiner weiblichen.

Solange eine Frau ihre männlich unterscheidende Seite voll und aktiv einsetzt, geht es ihr gut. Sie schafft etwas und ist kreativ. Das Männliche wird negativ, wenn der Zweck fehlt. Der Mann in ihr richtet sich nach außen, und sie macht jene groben Verallgemeinerungen, die eine Diskussion ruinieren, oder jene vernünftig klingenden Bemerkungen, die den springenden Punkt haarscharf verfehlen und Verwirrung stiften. Das geschieht, wenn die Frau heimlich mit einer Herzensangelegenheit beschäftigt ist und sich inwendig mit etwas ganz anderem plagt als den Worten, die ihr über die Lippen kommen. Es wäre besser, sie wüßte das und schwiege. Vielleicht könnte sie auch zugeben, daß sie von manchen Sachen wenig Ahnung hat und ihr Beitrag zum Gespräch nicht mehr sein kann als aufgelesene Meinungen und die Sprüche ihrer Eltern. Wenn sie sich selbst zuhörte, wäre sie erstaunt, wie oft ihre Bemerkungen fast keine Substanz haben.

Wenn eine Frau ihrem männlichen Sprecher die Szene überläßt, während sie selbst sich in ihr innerstes Kämmerlein zurückzieht, wird ein Klischee nach dem anderen mit gewaltiger Stimme aufgefahren, und ihr Ehemann oder Liebhaber nimmt Reißaus und knallt die Türe zu.

Anders, wenn die innere Frau in der Situation anwesend ist,

dann drückt ihre männliche Seite aus, was sie als Frau wirklich meint. Das ist nicht annähernd so leicht, wie es klingt: Frauen werden erzogen, sich wie Männer zu verhalten, und sie stehen in Gefahr, ihre eigene innere Wahrheit aus den Augen zu verlieren. Oft findet der negative maskuline Anteil einer Frau kein Ventil für seine Energie nach außen, und er wendet sich gegen die Frau selbst. Und er überzeugt sie, daß sie wertlos ist und daß ihrem Leben – Gegenwart, Vergangenheit und Zukunft – keinerlei Bedeutung zukommt.

Andere Mißverständnisse zwischen Mann und Frau treten auf, wenn von den erwähnten vier Persönlichkeiten eine fehlt. Ohne die Hilfe seines weiblichen Gefühls versucht ein Mann, mit einer Frau zu kommunizieren und die Brücke zu schlagen, um ihr auf ihrem Boden zu begegnen; er wird ihr wahrscheinlich mit einer trockenen intellektuellen Abhandlung kommen, die sie, je nach Temperament, lähmt oder wütend macht. Ähnlich ergeht es der Frau, die annimmt, daß ihr Mann schon wisse, was sie fühlt, ohne es ihm mitzuteilen, weil es ihr selbst einsichtig ist; sie gebraucht ihre männliche Klarheit nicht, ihm die Botschaft zu vermitteln, und sie läßt ihren Mann ahnungslos im dunkeln.

Eine Frau ist im allgemeinen toleranter gegenüber den Launen eines Mannes als er gegenüber ihren lautstarken Ausbrüchen, vielleicht weil ihr launische Männer im Stillen wie kleine Buben vorkommen, und kleinen Jungen gegenüber kann sie wohl tolerant sein. Sie versteht irrationale Launen und Stimmungen. Sie erkennt sie in sich selbst, und sie setzt sie gelegentlich absichtlich zu ihrem Vorteil ein. Sie ist mit ihrer flüchtigen Unbeständigkeit vertraut und kann es sich leisten, sie auch an ihrem Mann mit einem Schulterzucken zu bemerken und ihr Vorübergehen abzuwarten.

Den Mann hingegen strengen ihre Sprüche an, sie stören sein klares Denken und führen ihn in die Irre, gerade weil sie oft der Wahrheit nahekommen. Und vielleicht, ich gebe das in aller Bescheidenheit zu bedenken, vielleicht sind Männer sich nicht bewußt, wie oft auch sie am Ziel vorbeischießen. Dinge, die wir in uns selbst nicht wahrnehmen, machen uns ärgerlich, wenn wir sie in anderen erkennen.

In der gegenwärtigen Übergangsphase gibt es keine klaren Rollenzuweisungen mehr. Ein Mann weiß nicht, welchen Part im Leben er übernehmen soll. Die jungen Männer heute fühlen sich durch diese Ungewißheit gefährlich geschwächt, denn daheim und draußen überschneiden sich die Rollen von Mann und Frau. Auf der anderen Seite sehe ich oft Frauen, die in ihrer eigenen Küche keinen Platz mehr finden, weil der Ehemann diesen Bereich vollständig durchorganisiert hat, so daß sie sich als Frau ohne Fähigkeiten fühlt. Ihr Leben wird sinnlos, und ohne Sinn kann sie ebensowenig leben wie ein Mann. Ihr einziger Fluchtweg ist der in die Arbeit, und diese Lösung vermehrt oft die Probleme zwischen Mann und Frau.

Als die moderne Frau ihr Netz in weiteren Gewässern auswarf, fing sie nicht nur den Fisch, den sie suchte, sondern auch ein verschlingendes Ungeheuer, das die weiblicheren Frauen zerstört. Die Invasion der Frau in die Sphäre des Mannes hat in seinem Unbewußten die Entschlossenheit bewirkt, seine frühere Überlegenheit unter allen Umständen aufrechtzuerhalten. Das gilt auch für Männer, die bewußt für die Gleichberechtigung der Frau eintreten. Auf der bewußten Ebene begrüßen Männer die Emanzipation der Frau, die sie unbewußt verachten und die nicht aufkommen zu lassen sie entschlossen sind. In den Worten einer jungen Frau: »Männer mögen es, wenn wir kreativ sind, weil uns das interessant macht, und zugleich hassen sie uns, wenn wir schöpferisch sind, weil wir damit auf ihr eigenstes Gebiet übergreifen.«

Die Unbewußtheit dieses Grolls ist gefährlich für die Frau, denn er wird von ihrem Unbewußten aufgegriffen und verstärkt dort ihre eigenen Zweifel an ihren Fähigkeiten. Er erscheint als eine männliche Stimme, die sich dauernd, in Flüstern und Schreien wiederholt: »Du kannst das nicht, du taugst nichts!« Ich habe noch keine Frau angetroffen, die mit dieser Stimme nicht vertraut wäre. Eine Frau kann der offenen Opposition eines Mannes auf ihre eigene undurchsichtige Weise begegnen. Das spornt sie an. Meine alte Mutter pflegte zu sagen: »Man kann seinen Ehemann nicht umkrempeln, aber irgendwie läßt er sich umgehen.« Verborgene Feindschaft aber kann weder umgangen noch aufgelöst werden. Sie verstärkt allen inneren Zweifel der Frauen an sich selbst und führt sie in Frustrationen und Zusammenbrüche. Das ist das verschlingende Ungeheuer, das sie unversehens in ihrem emanzipierten Netz gefangen hat. Stillschweigend zerstört es jede Brücke, die Männer und Frauen bauen.

Für das Gelingen einer wirklich tiefen Kommunikation zwischen zwei Menschen verschiedenen Geschlechts müssen vier Persönlichkeiten zugleich anwesend sein, zwei im Bewußten, zwei im Unbewußten, unabhängig von der besonderen Mischung männlich-weiblich in jedem einzelnen.

Natürlich ist die mächtigste aller Brücken Sexualität, doch ist sie nicht immer die sichere, feste Struktur, die sie zu sein scheint. Es kommt nicht selten vor, daß ein Mann und eine Frau die Brücke betreten, jeder von seiner Seite des Flusses aus, und erleben, daß die Brücke in der Mitte bricht und beide in einen Strom der Enttäuschung und des Grolls hineinschleudert.

Ein Partner hastet vielleicht zu geschwind über die Brücke und findet den anderen nicht vor. Wenn die Frau nicht wirklich in ihrem Körper gegenwärtig ist oder wenn ihr Körper nicht bereit ist, gibt es keine Begegnung; und die Brücke bricht zu früh ein, wenn der Mann von einer vorzeitigen Ejakulation überholt wird. Er und sie kehren traurig zum eigenen Ufer zurück, wenn der andere physisch und psychisch nicht zur Begegnung bereit ist.

Ich setze eine echte Beziehung voraus. Es gibt keine Brücke und keine Beziehung in einem oberflächlichen, experimentellen sexuellen Zusammenkommen.

Im Bereich der Sexualität steht uns eine unzulängliche Erziehung im Wege. Frauen nehmen fälschlicherweise an, daß ein Mann immer nur das eine, nämlich ihren Körper wolle. Diesen Irrtum haben ihr frühe Warnungen, Zeitungsgeschichten und Romane eingeprägt, eine innere Stimme hat diesen Unsinn aufgenommen und flüstert ihn ihr im ungeeignetsten Augenblick ins Ohr und läßt sie zu Eis erstarren, wenn gerade alle ihre Wärme nötig wäre.

Von klein auf wird der Frau beigebracht, daß der Mann ein gefährliches Tier sei, dem sie nicht trauen dürfe, und ihr wird Furcht vor der körperlichen Ebene eingeimpft. Nicht beigebracht wurde ihr, daß er wirklich gefährlich ist, weil seine und ihre Wahrheit nicht notwendigerweise übereinstimmen; ungewarnt und ungeschützt läßt sich manche Frau intellektuell und spirituell wiederholt vergewaltigen.

Ich benutze das Wort »Vergewaltigung« mit Absicht, denn hilflose Kinder werden von unreifen Erwachsenen mit falschen Ideen geschwängert. An Mädchen, denen geistige Unabhängigkeit nicht gegeben ist, wird dieses Verbrechen immer wieder vollzogen. Unwissend nähren sie dann falsche Ideen mit ihrem Lebensblut und gebären schließlich Ungeheuer. Ein Beispiel, was gemeint ist: Gebildete Frauen fordern mit allem Nachdruck körperliche Züchtigung für jugendliche Missetäter; offensichtlich ist ihnen als Kindern mit der Idee, daß Rache gerecht sei, Gewalt angetan worden, und diese Idee hat in ihnen das natürliche Bedürfnis verdrängt, junges Leben zu schützen. Jedem Mädchen, das zur Frau heranwächst und nicht weiß, daß Liebe ihr höchstes Gut ist, ist Gewalt angetan worden. Gerechtigkeit ist ein edles Konzept; doch jede Frau, die aus Gründen der Gerechtigkeit ihren Liebsten, Ehemann oder Sohn ausliefert, ist in meinen Augen nur dem Namen nach eine Frau.

Auch der empfindsame Junge und Mann leidet. Er kämpft hart, an seiner eigenen Wahrheit festzuhalten. Die Gesellschaft erwartet von ihm allgemein größeren Erfolg als von einem Mädchen. Doch seine angeborene Unterscheidungsfähigkeit schützt ihn eher vor den traurigen Folgen einer unzulänglichen Erziehung. Er leidet unter seiner Empörung, doch selten nährt er unwissentlich Ungeheuer.

Vor zwei Gefahren sollte ein Mädchen gewarnt sein. Die Angst vor physischer Vergewaltigung lauert, tief eingeimpft, auch dann noch unter der Oberfläche, wenn sie rational längst verworfen wurde. Der Ort der wahren Gefahr ist da, wo sie ihn nicht vermutet: in ihrem Intellekt und in ihrer Seele.

In der Regel hat ein Mann keine Ahnung von den Befürchtungen einer Frau, auch nicht von der inneren Stimme, die sie ihr ständig wiederholen. Für ihn stellt sexueller Verkehr jede gebrochene Harmonie wieder her. Er weiß nicht, daß für eine Frau zuerst eine Brücke der geistigen Übereinstimmung hergestellt sein muß, bevor sie imstande ist, sich selbst zuzutrauen, die Brücke des Sex zu betreten.

Die moderne Erziehung hat einen anderen verwirrenden Aspekt der Frau hervorgebracht. Ein Problem des modernen Menschen ist offensichtlich die Trennung von Körper und Geist. Daß die Kirche zu dieser Spaltung beigetragen hat, kann jeder Analytiker bestätigen.

Moderne Frauen wachsen in einer Schule auf, die sich am Denken orientiert, in der Geist und Verstand geschätzt und körperliche Funktionen herabgesetzt werden, in der unsere Gabe der leiblichen Kreativität in das Reich der dunklen Geschichten und der zweideutigen Witze abgeschoben wird. Der natürliche Vorgang der Menstruation wird noch immer »Unwohlsein« genannt.

Die Scheidung von Körper und Geist gilt für die Erziehung von Jungen und Mädchen gleichermaßen. Auch Frauen stellen den Geist auf ein Podest und ihren Körper auf eine Ebene mit dem von Kühen und Kaninchen. Nur das sehr feminine Mädchen entgeht dieser Herabsetzung. Die meisten Frauen brauchen sehr viel Lebenserfahrung, um eine Wahrheit zu begreifen, auf die sie nicht vorbereitet sind: daß es für die heile, ganze Frau keine Spaltung zwischen Körper und Geist gibt; der Geist wohnt in ihrem Körper, ihr Körper ist beseelt.

Diese erleuchtende Einsicht löst ihre hemmenden Ängste auf, der Mann wolle nur ihren Körper. Sie kann sich in der leiblichen Begegnung hingeben wie nie zuvor, weil sie weiß, daß er sie auch auf der geistigen Ebene nicht verfehlen kann.

Doch keiner der Partner darf den anderen für gegeben hinnehmen. Die Brücke mag fest gebaut sein, doch Erlaubnis, sie zu überqueren, muß für jedes Mal neu erbeten und gewährt werden. Das gilt nicht nur für den sexuellen Bereich, sondern für alle Bereiche der Mann-Frau-Beziehung. Es ist entmutigend, daß alles selbstverständlich sein soll, Tag für Tag und Jahr für Jahr: Sie nimmt an, daß er für das Geld sorgt, er, daß sie das Abendessen kocht. In einer Ehe wird eher etwas als selbstverständlich vorausgesetzt als in anderen Beziehungen, das erstickt die Phantasie und macht die Beziehung zum Gefängnis.

Für Tausende wird die Ehe zum Gefängnis; wir wollen schauen, ob wir das Phänomen verstehen können. Der entscheidende Faktor für dieses Gefühl der Einengung liegt im Unbewußten, der Quelle aller Dynamik für Aufbau und Zerstörung.

Und was stellt das Unbewußte von Männern und Frauen mit der Ehe an? Eine seltsame Macht scheint am Werk zu sein, Ehen zu zerbrechen. Jung hat dafür das zahlenmäßige Überwiegen der Frauen in der westlichen Welt verantwortlich gemacht. Er nimmt an, daß die ungezählten Frauen, für die es keinen Ehemann gibt, unbewußt die Ehen ihrer beneideten Schwestern abwerten mit dem geheimen Ziel, deren Männer für sich selbst zu erobern. Dieser unterminierende Prozeß hat sich weit unter der Oberfläche ausgebreitet und beeinflußt die Ehefrauen. An ihnen nagt der Zweifel, ob die Ehe die Einengung wert sei.

Diese Erklärung, entstanden vor dem letzten Kriege, wird den heutigen Verhältnissen nicht mehr gerecht, der Frauenüberschuß hat sich ausgeglichen. Tiefer liegt wohl die Sehnsucht nach Freiheit.

Immer noch sind die Frauen vom Glanz der Freiheit geblendet, die ihnen die Emanzipation versprochen hat. Sie finden sich unerwartet unter dem Druck neuer Formen und Strukturen, in die die kommerzialisierte Gesellschaft sie hineinpreßt. Sie haben das Gefühl, in ihrer Häuslichkeit zu versinken, ohne jegliches Ventil für die Talente, die die moderne Erziehung in ihnen gefördert hat.

Sie reiben sich und begehren auf. Mit weiblich-indirektem Angriff und blind für alles, was sie nicht sehen wollen, zerbrechen sie das nächste Gefängnis, das zerbrechlich ist: die Ehe der Nachbarin oder die eigene.

Jung beschwört die Frauen, ihr wirkliches Ziel kennenzulernen. Was ist das Ziel der Frau heute? Ich glaube, wenige Frauen haben eine Ahnung, wohin sie streben. Die Unverheirateten werden nicht zugeben, daß sie die Ehe als Institution zerstören wollen, und die Ehefrauen leugnen, daß sie selbst die Ehe unterminieren. Eine Ehe nach der anderen kommt ins Wanken und zerfällt.

Ohne Zweifel spielt der Verfall der Religionen eine Rolle. Die höchsten menschlichen Werte sind heute unbehaust. Bislang wiesen die Kirchen einen Weg zu Anbetung und geistigem Streben. Dem heutigen Menschen fehlen klare spirituelle Ziele. Männer haben die freigesetzte Energie in den wissenschaftlichen Fortschritt, in den materiellen Wohlstand und in den Staat fließen lassen. Frauen sind diese Götter zu unpersönlich, und wenn es keinen Gott gibt, so bleibt, einen Mann zu lieben. All ihre unbehausten Energien fließen in die eine Mann-Frau-Beziehung. Hier findet sie ihre Werte. Diese menschliche Beziehung wird ihr ein und alles, das sie mit ihren Erwartungen, Idealen und ihrer Liebe anfüllt. Grenzenlos ist der Wert dieser Beziehung für sie.

Große Energiemengen, die früher im Kindergebären und -aufziehen gebunden waren, sind durch die Empfängnisverhütung frei geworden. Das verdoppelt die überschüssige Energie der Frauen. Wenn all dies in die eheliche Beziehung einfließt, den einzig verbliebenen Ort von Werten für viele Frauen, zerbricht die Ehe fast, das ist die Schwäche alles Menschlichen. Die Frau bleibt verloren zurück. Vielleicht hat die Institution der Ehe in ihrer gegenwärtigen strengen Form sich selbst überlebt, und wir müssen neue, flexible Formen für Verbindungen finden, die eine Familie einschließen.

Eine andere Fehlorientierung, an der moderne Frauen leiden, ist das männliche Ziel der Unabhängigkeit. Nichts ist gegen eine Frau einzuwenden, die auf eigenen Füßen steht, weil sie das will und braucht. Tragisch aber ist die hohe Zahl der einsamen Mädchen, die in Einzelappartements verkümmern, weil sie meinen, sie müßten wie die Männer das Elternhaus verlassen, ihr eigenes Leben führen und sich von der inneren Bindung an ihre Eltern frei machen; das ist für viele Frauen unsinnig.

Frauengenerationen überlappen sich, ein kontinuierliches Band der Nachfolge verbindet die Frauen. Eine junge Frau belügt ihre Natur, wenn sie denkt, sie könne sich da heraushalten und sich einfach lösen von dem Band; sie verkauft sich damit an eine abstrakte Theorie. Eine junge, freiberuflich tätige, unabhängig denkende Frau machte sich lange Zeit Sorgen über die Beziehung zu ihrer Mutter, die ihr zu eng schien. Eines Tages sagte sie mir: »Ich weiß jetzt, daß ich mit meiner Mutter nicht brechen muß und daß ich durch sie ein Glied in einer Kette bin, die aus der Vergangenheit in die Zukunft reicht. Das entlastet mich so sehr, daß ich mich zum erstenmal frei fühle.«

Ich spüre ein Unbehagen gegenüber dem heutigen Trend, der Frauen ihre Männlichkeit im Beruf leben läßt und Männer empfindsamer und empfänglicher macht; unter der täuschenden Hülle scheinbarer größerer Ganzheit für den einzelnen verbergen sich Gefahren.

Mit seltenen Ausnahmen ist die maskuline Seite einer Frau der Männlichkeit eines Mannes unterlegen. Sie ist weniger originell und flexibel. Sie ist leicht durch Organisation und Theorie zu beeindrucken, die sie im Übermaß übernimmt, weil die männliche Fähigkeit des Fokussierens mit ihr durchgeht. Besessen von Einzelheiten und engstirnig folgt sie den Regeln, kaum bereit, Ausnahmen zu machen wie ein Mann. Die männliche Seite, die mit der Frau durchbrennt, ist völlig unpersönlich und mißachtet die Bedürfnisse der Menschen.

Ähnlich verhält es sich mit der Weiblichkeit des Mannes. Sie ist weniger vital und dynamisch als die der Frau. Das Feminine in Frauen, auch passiv und rezeptiv, dient unbedingt und mitleidlos dem Leben, oder, besser gesagt, den Leben, die sie persönlich berühren. Sie ist mitleid- und gnadenlos wie die Natur. Eine Frau kennt keine Grenzen in ihrem Bemühen um das Wohlergehen ihrer Familie und derer, die sie liebt. Die Weiblichkeit eines Mannes hingegen ist sanft und weich, es fehlt der unbedingte Dienst am Leben, so wie der Männlichkeit in der Frau Originalität und Biegsamkeit fehlen.

Der Fürsorglichkeit des Mannes entspricht der Wohlfahrtsstaat, eine bewundernswerte zivilisatorische Einrichtung von der Zielsetzung her und so unpersönlich, daß das Individuum Gefahr läuft, den Sinn für die eigene Verantwortung zu verlieren.

Die gegengeschlechtliche Seite des Mannes ist völlig unpersönlich, wie bei der Frau. Wir müssen im Auge behalten, daß die Kräfte im Unbewußten nichtmenschlich und unpersönlich sind.

Es ist unsere schwierige Aufgabe, die dynamischen Kräfte im Unbewußten durch uns hindurchwirken zu lassen, ohne uns ihnen auszuliefern, und ihre Macht auf ein menschliches Maß zu reduzieren; auf diese Weise können wir menschlich sein, und das ist unser größtes Bedürfnis.

Sprechen wir über Ehrgeiz. Ohne seinen Anstoß gelängen große Sachen nicht. Ihm verdankt die Menschheit die Zivilisation. In Mann und Frau ist Ehrgeiz eine männliche Eigenschaft. Die Natur ist mitleid- und gnadenlos, aber nicht ehrgeizig. Die anscheinend feminine Frau, die ihren Mann ungeachtet seiner eigenen Wünsche zu größeren Leistungen anspornt, ist unbewußt von einem männlichen Ehrgeizteufel besessen, der mit ihr durchgeht. Nur eingespannt in den Dienst am Leben fördert Ehrgeiz die Entwicklung der Menschheit, wie beispielsweise in der Medizin.

In ähnlicher Weise werden Männer oft von ihrer negativen weiblichen Seite in Gestalt der Eitelkeit überrannt. Sie spornt sie zu immer größeren Höhenflügen an, und fasziniert von ihren eigenen Kräften, vergessen sie die Bedürfnisse des Lebens. Ungeachtet der vielen Hungernden auf unserer Erde und der Flüchtlinge, die in Lagern verkommen, ungeachtet auch der geistigen Blutleere in unserer Welt, wird der Mond erobert und werden Waffen geschaffen, mit denen sich die Menschheit selbst vernichten kann.

Der traurige Zustand unserer Welt ist wahrscheinlich auf die Besetzung beider Geschlechter durch die Gegenkräfte in sich selbst zurückzuführen. Wir sind nicht positiv und bewußt auf den

Gegenpol in uns selbst bezogen. Männer sind durch diesen Prozeß stärker gefährdet; in ihrem Bewußtsein regiert die Vernunft und wird verherrlicht. Die irrationale Weiblichkeit im Mann erfährt dadurch Abwertung und Unterdrückung, während sie gerade Anerkennung als die essentielle andere Seite des Lebens bräuchte. Durch Unterdrückung aber werden dynamische Kräfte explosiv.

Frauen unterdrückten in der Vergangenheit ihre Männlichkeit nicht, obwohl dies als Möglichkeit vorhanden war. Entsetzlich aber sind die zerstörerischen Ausbrüche der wahnsinnigen Macht des Weiblichen im Mann, wie sie in den beiden großen Kriegen zum Vorschein kamen, den schrecklichen weltweiten Eruptionen der entwerteten, unterdrückten, irrationalen Weiblichkeit.

Die überwiegend unbewußte gegengeschlechtliche Besetzung innerhalb der Individuen ist eher ein Rückschlag als ein Reifungsschritt, und doch halte ich sie für ein vorübergehendes notwendiges Stadium, dem, wenn wir es überleben, eine Bewußtseinserweiterung folgen wird. Sie ist ein Schritt zurück, um einen besseren Sprung nach vorn zu tun, reculer pour mieux sauter. An dem inneren Ort, an dem wir springen müssen, werden das Männliche und das Weibliche bewußt erfahren und innerhalb des einzelnen aufeinander bezogen.

»Brücken« habe ich dieses Kapitel genannt. Seit undenklichen Zeiten gehen Mann und Frau jeder auf seiner Seite des Lebensflusses, und immer hat es Brücken gegeben, auf denen sie sich begegneten. Wir haben uns immer darauf verlassen können, den Strom mit Zuneigung, Leidenschaft und Sexualität zu überbrücken, auch bei geringem gegenseitigem Verstehen.

Gemeinsame Verantwortungen und geteilte Freuden und Sorgen verstärkten die Fundamente und halfen Brücken bauen, die Stürmen und reißenden Fluten widerstehen konnten. In der Vergangenheit wohnte jeder der beiden Partner an seinem Ufer des Flusses.

Heute scheinen die Ufer zu zerbröckeln, das Flußbett wird schmaler, so schmal, daß man eines Tages hinüberspringen kann. Ich habe ein inneres Bild vor Augen, in dem sich der Sand von beiden Seiten mischt und langsam aufschichtet, bis fester Boden entsteht, auf dem jeder in angenehmer Gesellschaft gehen kann. In meinem Bild hört der Fluß zu fließen auf, erdrückt und aufgestaut von den sich mischenden Sandmassen. Und eines Tages brechen die angestauten Wasser durch, um sich zu befreien und um wieder zwischen zwei Ufern zu fließen, und alle unsere Bemühungen um Gleichheit werden dabei ertränkt.

Wenn wir eine Katastrophe vermeiden wollen, müssen wir lernen und anerkennen, daß die Gegensätze getrennt bleiben müssen, damit sie zueinander in Beziehung treten können. Das Wesen des Lebens ist paradox. Eine der großen Paradoxien besteht in der Spannung zwischen unserer Sehnsucht nach Einheit und friedlichen Lösungen *und* unserer Erfahrung, daß wir gerade an unseren Konflikten und Mißerfolgen wachsen.

Wir können Brücken über den Abgrund zwischen unserem Haß und unserer Liebe schlagen, zwischen unserem Zweifel und unserem Glauben und zwischen jedem anderen Gegensatzpaar. Ein Mystiker kann sie vielleicht alle für einen Augenblick zusammenhalten, für immer beieinander sind sie in der Endgültigkeit des Todes.

Wollen wir die Gegensätze im Leben zueinander in Beziehung bringen, so ist der Gedanke der Trennung das wichtigste, der Grundton jeder freien Beziehung zwischen Mann und Frau. Die Vergangenheit kannte klare Unterscheidungen zwischen den Geschlechtern, die sich dennoch unwiderstehlich zu einem Ganzen vereinigten. Zur Zeit sind Männliches und Weibliches in beiden Geschlechtern verwirrend vermischt, und Beziehungen sind unklar. Vielleicht bringt die Zukunft eine Klärung, wenn Männer und Frauen sich bewußt auf den Gegenpol in sich selbst beziehen und nicht länger von ihm überwältigt und besetzt werden.

Vielleicht finden wir eines Tages die Ganzheit in uns selbst und wandern am Lebensfluß entlang und treten mit Menschen entsprechender Vollkommenheit vom anderen Ufer in Beziehung. Gewiß aber werden die Begegnungen von Menschen, die sich ihrer selbst bewußt geworden sind, auf Brücken geschehen, die den Strom zwischen zwei getrennten Ufern überspannen.

Über die Liebe

Mein Beruf ist das Zuhören, während Menschen von ihren Schwierigkeiten sprechen; und da sie alle unausweichlich zu irgendeiner Zeit von Liebe sprechen, hatte ich viel Gelegenheit, mich über die verschiedenen Bedeutungen zu wundern, die sie mit diesem Wort verbinden. Oft sehen Männer und Frauen die Liebe aus ganz unterschiedlichen Gesichtswinkeln, sie sprechen von ihr mit ungetrübter Gewißheit, und sie nehmen nicht wahr, daß sie ihrem Partner etwas völlig anderes bedeutet.

Ich beziehe mich nicht auf die Ausdrucksformen der Liebe und ihre zahllosen Variationen. Verwirrung herrscht im Denken der Menschen über das Wesen der Liebe. Dieses Gebiet beschäftigt mich als Frau, ich suche mir tastend einen Weg um diesen großen Lichtball herum, der das zentrale Thema unseres Lebens zu sein scheint.

Ich bin sicher, daß ich nicht weiß, was Liebe ist. Mit achtzehn hatte ich darüber keinen Zweifel. Mit Ungeduld und Verachtung schob ich Bücher über die Liebe beiseite. Mir schien alles einfach zu sein. Ich hatte Angst vor Worten, denn sie verwirrten und verschleierten die Klarheit des unmittelbaren Sehens. Worte versorgten den Vogel mit den gestutzten Flügeln mit einem goldenen Käfig. Ich war mir der Gefahr wohl bewußt – nach Aldous Huxleys Worten –, »Alchemie anders herum zu betreiben: Wir berühren Gold, und es verwandelt sich zu Blei, wir berühren die Lyrik der Erfahrung, und sie verwandelt sich zu wortreichem Gewäsch«. Damals war ich achtzehn. Inzwischen bin ich weit gewandert, und wie alle Frauen bin ich dabei natürlich der Stimme der Liebe gefolgt, und jetzt bin ich nicht mehr sicher, ob ich etwas über die Liebe weiß.

Ich schreibe an dieser Stelle über die Liebe selbst, wo und wie immer sie uns begegnen mag, nicht über »Beziehung« oder »Sex« oder andere Ausdrucksformen.

Liebe kennt jeder, doch die unmittelbare Erfahrung wird durch verwirrende Vorstellungen eingeengt. Und wenn das Leben diese Vorstellungen zunichte macht, fragen wir uns, ob das Wesentliche, das, was wir zu kennen glaubten, nur eine täuschende Vorspiegelung gewesen ist. Diese Vorstellungen sind vielleicht die vergoldeten Gitterstäbe des Käfigs.

Daß Liebe dauernd und beständig sei, ist die erste dieser Annahmen, und sie erweist sich sehr bald und zu unserer schmerzlichen Enttäuschung als falsch. Wir erwarten, daß die Liebe zwischen Eltern und Kindern andauert, daß die Liebe zwischen Eheleuten lebenslänglich hält und daß Liebende sich bis in den Tod hinein treu sind. Die Wirklichkeit kümmert sich nicht um unser Ideal der ewig währenden Liebe. Wie viele Kinder lieben ihre Eltern länger, als sie ihre Fürsorge brauchen? Es braucht nur ein leichtes Kratzen an der Oberfläche des braven Kindes, und Haß oder tödliche Gleichgültigkeit kommen zutage. Wie viele verheiratete Paare hegen mehr Gefühle füreinander als bestenfalls Toleranz, Freundlichkeit und Sympathie? Die Scheidungsakten sprechen eine schlimme Sprache. Wenigen von uns gelingt es, wie Tristan und Isolde zu leben.

Angesichts dieser Tatsachen erleben wir eine schmerzliche Enttäuschung. Eine Weile schien die Psychologie uns mit ihren Erklärungen zu Hilfe zu kommen: »Die Leute, von denen du sprichst, haben sich doch nie wirklich geliebt. Alles war Illusion und täuschende Spiegelung, alles war nur Projektion. Das kleine Kind projiziert auf seine Mutter das Unbewußte mit all seinen guten und bösen Kräften. Es projiziert die Weisheit aller Zeiten auf seinen Vater. Und die Eltern ihrerseits projizieren ihre Zukunft, ihren Ehrgeiz und ihre Unsterblichkeit auf das Kind.

Männer projizieren das eigene innere Bild der Frau auf Mütter und Ehefrauen, und Frauen Autorität und den Geist der Kultur auf ihre Männer.« – »Du kannst nur zu lieben lernen«, so hieß es dann, »wenn du deine Projektionen zurücknimmst.«

Zu lieben lernen? War nicht das auch eine Vorstellung? Ein weiterer Gitterstab des vergoldeten Käfigs? Hat jemals ein Mensch zu lieben gelernt? Wir können gewiß unsere Projektionen zurücknehmen und einander verstehen lernen. Doch ich glaube nicht, daß Liebe je gelernt wurde.

Liebe geschieht. Sie ist wie ein Wunder, das sich als Gnade ereignet. Wir haben keine Kontrolle darüber. Es geschieht. Sie kommt, sie erhellt unser Leben, und oft verläßt sie uns. Es ist nicht in unserer Hand, sie zum Kommen oder Bleiben zu bewegen.

In dem Schauspiel ›Das Dunkel ist hell genug‹ von Christopher

Frey behauptet die Gräfin in der letzten Szene Gethner gegenüber, sie habe ihn nie geliebt. Er kann das nicht glauben, weil sie soviel für ihn getan hat, und er nimmt an, daß sie habe sagen wollen, er hätte ihre Liebe nicht verdient. Und sie antwortet ihm:

> Es kam nicht zustande.
> Dort haben wir keinen freien Willen.
> An jenem inneren Ort der Erfahrung,
> an dem wir völlig ausgeliefert sind
> und an dem eine Entscheidung uns
> für den Rest unseres Lebens verändern wird,
> dort ist unsere Bestimmung gegeben;
> für die Liebe werden wir erwählt.

Vielleicht können wir lernen, für die Liebe bereit zu sein, sie willkommen zu heißen, sie anzuerkennen, sie wertzuschätzen und uns ihrer zu freuen, wenn sie kommt. Wir können sie nicht herbeizwingen. In die Liebe werden wir erwählt.

Das gilt, so glaube ich, für jede Liebe, gleich welcher Art und welcher Intensität: von der Liebe des Säuglings, der seine Mutter zum erstenmal sieht und mit einem Lächeln begrüßt, durch die ganze Bandbreite intimer menschlicher Beziehungen bis zu Agape, jener fernen, überpersönlichen Liebe, wie Christus sie lebte.

Diese überpersönliche, heilende Liebe wird wenigen großen Menschen zuteil, niemand hat die Macht, sie zu lernen und zu kontrollieren – auch sie geschieht. Kein Mensch kann willentlich und durch Bemühung Liebe in sein Leben bringen. Bemühungen können allenfalls den Boden vorbereiten, die Liebe selbst ist kein Verdienst. In die Liebe wird der Mensch erwählt. Sie geschieht. Vielleicht kommt sie zu einigen Menschen ganz einfach ohne Qual, und ich vermute, daß einige, durch die sie besonders hell hindurchscheint, sich ihrer gar nicht bewußt sind. Überpersönliche Liebe ist wie Demut. Jene, die sie haben, denken nicht darüber nach und reden nicht davon. Es gibt dabei keine Wahl, sie kommt als Gnade.

Der junge Mann wählt den Augenblick nicht, in dem sein Leben durch die Liebe verwandelt wird, und er kann auch die Frau nicht wählen, die jene Verwandlung auslöst. Der Säugling wählt seine Mutter nicht, und er kann die Liebe nicht zurückhalten, die zwischen ihnen ist. Liebe geschieht ganz einfach.

Wir nehmen dieses Wunder als gegeben hin, und wenn es geschehen ist, meinen wir, es müßte uns nun für immer und ewig gehören. Vielleicht können wir die Enttäuschung über das Vergehen der Liebe nicht ertragen, und wenn wir aus der Liebe herausfallen, leugnen wir, daß es je Liebe war. »Nichts als eine Anima-Animus-Projektion«, sagen uns die Psychologen, die doch selbst der trügerischen Annahme aufsitzen, daß wahre Liebe unvergänglich wäre.

Die Erfahrung, zu lieben und geliebt zu werden, ist zu überwältigend, als daß wir sie als reine Projektion abtun könnten. Ich glaube nicht, daß eine Projektion allein die Welt erhellt. Natürlich gibt es Projektionen, und es ist notwendig, sie zurückzunehmen. Doch wir stellen uns mutwillig blind, und wir werten unsere menschliche Existenz ab, wenn wir die gleichzeitig anwesende Liebe nicht wahrnehmen und anerkennen.

Ich versuche nicht, zwischen verschiedenen Arten der Liebe zu unterscheiden, etwa körperliche, geistige Liebe, Eros und Agape. In meinen Augen ist Liebe Liebe, wo immer sie erscheint. Die Unterschiede liegen in unserer Durchlässigkeit für sie. Wo Liebe ist, ist ein drittes, anderes zugleich gegenwärtig.

Für mich ist es einfacher, mir Liebe als eine Gegenwärtigkeit vorzustellen, als vom Lieben als einer Tätigkeit zu sprechen. Liebe ist in meinen Augen ein Geschehen, das nicht lehr- und lernbar ist wie ein Unterrichtsfach. Wir sind ziemlich überheblich, wenn wir uns anmaßen, einem kleinen Kind etwas über die Liebe beizubringen. Das Kind versteht mehr davon als wir enttäuschten Erwachsenen. In dem kurzen, vertrauensvollen Lächeln, das ein Baby einem Fremden schenkt, leuchtet etwas auf, und der Fremde geht seinen Weg weiter, und er fühlt sich lebendig und mit sich selbst einverstanden. Liebe? Ich denke, ja. Freilich blieb sie nicht. Der Fremde und das Baby begegneten sich einen Augenblick lang und gingen auseinander. Mehr hatten sie nicht miteinander zu tun.

Die Gegenwart eines Kindes bringt gewöhnlich Liebe in ein Haus. Sie braucht nicht gelernt zu werden, sie ist fraglos, und ich bezweifle ihre Echtheit nicht. Doch gerade hier finden wir viele falsche Vorstellungen, die sich im gewöhnlichen Sprachgebrauch mit dem Wort »Liebe« verbinden. Der gewaltige Libidofluß von der Mutter zu ihrem Kind erfolgt zur selben Zeit wie die Liebe, und für die Mutter sind die beiden ein und dasselbe.

Aber sind sie dasselbe? Nicht notwendigerweise ist das instinktive Bemuttern eines Kindes Liebe, manchmal ist es wie der Fluß der Milch aus einer übervollen Brust, von dem die Mutter sich befreien muß. Es fühlt sich wie Liebe an, wenn sie ihre Libido ihrem Kinde zuströmen läßt, doch jeder Psychologe weiß, wie destruktiv dieser Vorgang sein kann.

Heutzutage haben die Mütter eine schlechte Presse. Es heißt, sie verschlängen ihre Kinder, vergifteten ihr Leben und verkrüppelten sie in ihrem Wachstum, während Mütter allen Ernstes glaubten, daß sie Liebe gäben. Ich glaube nicht, daß Liebe vergiften und verkrüppeln kann. Wir Mütter haben allerdings den Fehler gemacht anzunehmen, daß Geben Liebe sein muß, und wir haben nicht wahrgenommen, daß Geben im Übermaß, über das Bedürfnis des Kindes hinaus, behindert und erstickt, vielleicht auch umbringt.

Das Bedürfnis einer Frau ist, zu geben; das kann sie nicht ändern. Das Leben strömt durch sie hindurch, und sie muß es weitergeben oder in sich anstauen, bis es zum Abszeß in ihrer Brust wird. Dieser Energiefluß ist für ihre Kinder und ihren Mann bestimmt. Manche Männer sind zu stolz, ihr Geben anzunehmen, weil sie es mit der Muttermilch verwechseln, der sie entwachsen sind, und nicht wahrnehmen, daß sie ihm das Wasser des Lebens anbietet. So verströmt sie verzweifelt und unwissend all ihre Libido auf ihre Söhne und Töchter, die schier ertränkt werden.

Vor ein paar Jahren hörte ich Michael Fordham in einer Vorlesung über die sich ergänzenden Rollen von Eltern und Kindern sprechen. Nach ihm brauchen kleine Kinder, die gerade aus dem Meer des Unbewußten auftauchen, ihre Eltern als starke Wellenbrecher zum Schutz gegen erneute Überflutung.

Als Gegengabe kann das Kind mit seinen seltsam weisen Worten und seinem spontanen Handeln seinen Eltern ein Vermittler zum Unbewußten sein, von dem sie selbst sich entfernt haben; sie brauchen ihm in seinem Tun nur zuzuschauen und zuzuhören. Diese Situation ändert sich ständig. Das Kind wächst heran, die winzigen Inseln des Bewußtseins schließen sich zu einem Land von beachtlicher Größe zusammen, auf dem es mit seinem Ich stehen kann, und sein Bedürfnis nach Wellenbrechung durch die Eltern verschwindet schließlich. Zugleich verliert es den unmittelbaren Kontakt mit der kollektiven Weisheit des Unbewußten und die Übereinstimmung mit seinen eigenen Instinkten sowie der psychischen Situation seiner Eltern; und schließlich hört es auf, ein Vermittler zwischen seinen Eltern und dem Unbewußten zu sein. Um dieser fließenden Situation gerecht zu werden, bedarf die Einstellung von Eltern zu ihren Kindern ständiger Wandlung, damit nicht Bedingungen entstehen, die alle Liebe vertreiben.

Das Eltern-Kinder-Problem erschöpft sich nicht in gegenseitiger Ergänzung, es besteht auch darin, daß jede Generation ihren Platz in der Nachfolge rechtmäßig einnimmt. Wir sind durch unsere Eltern mit der Vergangenheit und durch unsere Kinder mit der Zukunft verbunden, und manchmal vergessen wir, daß unser grundlegendes Anliegen das eigene Leben ist. Wir sind lebenshungrig, und wir versuchen durch unsere Kinder, das Leben zu leben, das wir selbst versäumten. Kinder werden schrecklich belastet, wenn sie die ungenutzten Talente und die unbewußten Wünsche ihrer Eltern ausleben müssen. Manch junger Mann ohne großes Talent fühlt sich zum Künstler oder Schriftsteller berufen, und unter der Oberfläche befindet sich ein Eltern- oder Großelternteil, das ein wahres Talent unterdrückte und damit einem unglücklichen Nachkommen zur Ausführung aufzwang. In T. S. Eliots ›Familienfest‹ stößt der Sohn Harry seine Frau über Bord, und er entdeckt später, daß er unwissentlich des Vaters verdrängten Wunsch nach Beseitigung der eigenen Ehefrau ausgeführt hat. Außer Harry glauben alle an einen Unfall.

Solche Zusammenhänge sind ziemlich häufig, und sie lassen mich an das Bibelwort denken, daß die Sünden der Väter die Kinder bis ins vierte Glied heimsuchen. Wirkliche Sünde ist dabei die unterlassene Bewußtwerdung, wo sie möglich gewesen wäre. Denn Unbewußtheit verleiht unterdrückten Wünschen und Talenten soviel Libido, daß Nachfolgegenerationen sie ausleben müssen. Harry hätte seine Frau nicht ins Meer stoßen müssen, wenn sein Vater sich seinen Wunsch eingestanden und bewußt davon Abstand genommen hätte.

Diese Lasten, die wir den Jungen auferlegen, sind der Liebe Feind, ebenso wie es die Gewichte unserer Ratschläge sind. Wir haben zwar ein wenig Weisheit aus unseren Erfahrungen gesammelt, doch unsere Kinder sind kein Rohmaterial, das darauf wartet, von uns geformt zu werden. Sie bauen tatsächlich auf den Fundamenten auf, die wir gelegt haben. Sie fangen da an, wo wir aufhören, sie sind weiter als wir, schon weil sie später geboren wurden. Die Kinder der Nachkriegsgeneration sind wesentlich bewußter, als ihre Eltern es waren. Den Kindern von Eltern, die sich intensiv um ihre eigene Bewußtwerdung bemüht haben, ist ein Startpunkt gegeben, von dem aus sie weit über eben diese Eltern hinausspringen können. Wir wären gut beraten, aufmerksam anzuhören, was die Jungen sagen, gerade weil sie jung sind, wenn Liebe zwischen uns erhalten bleiben soll.

Angesichts der schnellen Veränderung unserer sozialen und psychologischen Verhaltensweisen ist es schwierig, die Bedingungen, unter denen Liebe bleiben kann, zu erfüllen. Immer mußte ein junger Mann sich vom Einfluß seiner Mutter freikämpfen; die Auseinandersetzung mit hochgebildeten Müttern, die sich zu intellektuellen Begleiterinnen ihrer Söhne machen, ist heftiger geworden. Mütter sind hartnäckig und zäh, auf eine neue Weise. Ein junger Mann beklagte sich bitterlich, daß er seiner Mutter nicht entkommen könne, obwohl er das Haus verlassen habe. »Sie betet alle Tage für mich, das ist schrecklich.« Was läßt sich gegen das Gebet für den eigenen Sohn einwenden? Vielleicht lag es daran, wie sie betete.

Vielleicht wendet sich das Schicksal eines Sohnes durch das Gebet seiner Muttter zugunsten seines Wohlergehens. Und auf der Oberfläche mögen die Dinge besser für ihn laufen. Vielleicht unterläßt er es, das falsche Mädchen zu heiraten und einen fatalen Fehler zu machen. Doch wir wissen so wenig von den Strukturen, die zu uns und zu denen wir gehören und um die wir uns sorgen, und jede Intervention kann Schaden stiften, selbst ein von Herzen kommendes Gebet. Vermutlich ist die heimliche Einflußnahme über das Unbewußte noch mächtiger und gefährlicher als sichtbare Eingriffe, gegen die man sich wehren kann. Sie werden in gutem Glauben gemacht und sind doch giftig. Vielleicht ist das offensichtlich unpassende Mädchen genau die Richtige für ihn. Und der verheerende Fehler, vor dem die gute Mutter ihren Sohn bewahren möchte, ist haargenau der Fehler, den er für seine Entwicklung braucht.

Eltern verbringen ihr Leben damit, ihre Kinder vor Fehlern zu behüten. Wie fruchtbar unsere Fehler waren, erkennen wir, wenn wir auf unser Leben zurückschauen. Die Mutter, die täglich für ihren Sohn betet, hält an ihrer beschützenden Rolle als Wellenbrecher fest. Sie gibt im Übermaß, weit über sein Bedürfnis hinaus, und die Liebe zwischen ihnen schwindet. Könnte sie sich nur zufriedengeben zu beten, daß nichts ihn ablenken möge von seiner wahren Bestimmung, so fühlte er sich von ihrem Gebet gestärkt, und die Liebe bliebe zwischen ihnen, vielleicht.

Auch die Gegenrichtung, die Unabhängigkeit, kann ein Irrtum sein, der Sohn fühlt sich hinausgeworfen und verloren, und die Liebe vergeht. Vielleicht wandern so viele junge Leute heute verloren umher, weil wir Unabhängigkeit übermäßig hoch bewerten.

Das Gleichgewicht ist unendlich schwierig zu finden, nämlich genug zu geben und doch nicht zuviel. Ohne zur Gefahr zu werden, können wir unseren Kindern Vertrauen geben. Denn Vertrauen ist eine der vitalen Bedingungen für das Bleiben der Liebe.

Wir wollen uns auch die andere Seite der Medaille anschauen. Die Eltern werden alt, ein Sohn oder eine Tochter bleibt daheim und opfert dabei die eigene zukünftige Ehe oder Laufbahn. Das mag Liebe sein, oft jedoch verbirgt sich Verpflichtung unter der Maske der Liebe und vergiftet die Atmosphäre mit unterdrücktem Haß und Vorwürfen. Die Kind-Eltern-Rollen haben sich umgekehrt, ohne daß die Eltern ihren Anspruch aufgäben, Herren im Haus zu sein. Die Änderung der Einstellung hat nicht mit dem Wandel der Bedürfnisse Schritt gehalten, und die Liebe ist davongegangen.

Es ist in unserer Zeit für die Alternden nicht einfach, den rechten Platz in der Kette der Generationen einzunehmen. Wir brauchen ihren Beitrag, die reife Weisheit der Alten. Die Medizin läßt sie nicht mehr auf natürliche Weise sterben, wenn sie bereit sind und sich nach dem Abschied sehnen. »Achtung vor dem Leben« wird das genannt, vielleicht ist es eher, nach Buner, »des Menschen geheime Lust, am Geheimnis des Todes herumzuschnitzen«. So bleiben die Alten zu lange unter uns, und ihre traurig überdehnten Leben werden zur unerträglichen Last. Die Liebe geht, die Alten werden aus der Runde des Familienlebens ausgeschlossen, und ich frage mich, ob sie deshalb wohl nicht sterben können. Liebe und Tod sind eigenartig miteinander verwandt. Eine Versorgung aus Pflichtgefühl entwürdigt. Wir brauchen Liebe, um mit Würde sterben zu können.

Pflicht und Liebe vertragen sich nicht. Mir fällt die Geschichte einer Frau ein: Sie war gerade dabei, sich fröhlich über einen Berg von Familienwäsche herzumachen, und sang dabei. Der Ehemann kam dazu, sah die Berge von Bettlaken, Hosen und Socken und schalt sie dafür, die Kinder nicht gehörig einzuspannen. »Sie sollten alle ihre Pflichten haben«, sagte er. Zu seinem Erstaunen brach die Frau in Tränen aus, ließ die Wäsche stehen und lief aus dem Haus. Stunden später kam sie zurück und erklärte ihm, daß sie das Wort »Pflicht« krank mache. »Kannst du nicht sehen, daß ich den ganzen Tag lang für dich und die Kinder aus Liebe arbeite? Mit Liebe gibt es für mich keine Grenzen, da kann ich alles tun. Aus Pflicht habe ich nicht die Energie, auch nur ein Hemd zu waschen oder eine Mahlzeit zu kochen, und ich will von meinen Kindern nicht verlangen, was ich selbst nicht kann. Eines Tages helfen sie mir aus Liebe, und dann nehme ich es an.« Und eines guten Tages, Jahre später, halfen sie ihr unaufgefordert. Über die erzieherischen Methoden dieser Frau läßt sich streiten; aber sie wußte etwas von der Kälte der Pflicht und von der Dynamik der Liebe. Energiereichtum ist ein Merkmal der Liebe. Mit Liebe sind Menschen imstande, jedes Hindernis zu überwinden.

Das, worauf es ankommt, also die eine notwendige, unerläßliche Bedingung für Liebe scheint zu sein, dem Bedürfnis des anderen zu entsprechen. Wenn sich zwei Menschen verlieben (und es ist in diesem Zusammenhang unerheblich, ob sie gleichen oder anderen Geschlechts sind), erleben sie, daß sie einander ihre Bedürfnisse erfüllen und daß sie sich zusammen als eine Einheit fühlen. Beide aber wachsen mit jedem Tag, und täglich ist das Bedürfnis anders. Sensible Menschen spüren die Veränderung der eigenen Bedürfnisse und der des Partners, und sie können ihre Einstellung entsprechend ändern. Und wenn das beiden Partnern gelingt, vermag die Liebe bei ihnen zu bleiben oder sie doch oft zu besuchen.

Wenn die Wandlung ausbleibt, die der Bedürfnisänderung entspräche, fallen die Menschen verzweifelt aus der Liebe heraus. Ein Mann heiratet eine jüngere Frau. Zu Beginn ist das gut: Er ist Vater, an den sie sich anlehnt, sie ist Tochter, für die er sorgt. Wenn sie sich entwickelt, erträgt sie das Tochter-Weib-Sein nicht länger und braucht keinen Vater-Ehemann mehr. Wenn er diesen Wandel spürt, ihr ehelicher Liebhaber wird und sie zu seiner Geliebten-Frau macht, kann Liebe ihr ständiger Begleiter bleiben. Wenn in ähnlicher Weise eine ältere Frau sieht, daß ihr junger

Ehemann erwachsen wird, und die Mutterrolle aufgibt, vermag sie vielleicht die Liebe in ihrer Ehe zu halten.

Ich betone, daß ich von Bedürfnissen spreche, nicht von Wünschen. Wir mögen uns Dinge wünschen, die wir nicht brauchen, und oft sind wir uns unserer tiefsten Bedürfnisse nicht bewußt. Wenn einer der Partner besitzergreifend, eifernd, nachlässig oder gedankenlos wird, schleichen sich Reizbarkeit und Enttäuschung ein; das Gefühl des Ganzseins geht verloren, und die Beziehung zerbricht oder bleibt nur noch aus Gewohnheit bestehen. Die Liebe, die einmal da war, ist verschwunden.

Liebe und Ganzheit gehören untrennbar zusammen, sie mögen sich nicht bedingen, doch sie treten gemeinsam in Erscheinung. Vor jeder Ganzheit aber steht eine Begegnung, ein Ich-Du-Erkennen.

Es ist nicht leicht, dem Bedürfnis eines anderen zu dienen. Das eigene Bedürfnis zu kennen ist schon schwierig genug, unvergleichlich schwieriger ist es stellvertretend für einen anderen. Die Leute, die ständig Dinge tun, die sie für gut für andere halten, irren sich gewöhnlich, was sich sowohl sich selbst als auch den anderen anbelangt. Paradoxerweise diene ich am ehesten dem Bedürfnis (nicht dem Wunsch) des anderen, wenn ich meinem eigenen Bedürfnis treu bin. Die Mutter, die täglich für das Wohlergehen ihres Sohnes betet, folgt ihren eigenen Wünschen, nicht ihrem oder seinem Bedürfnis. Ihr wahres Bedürfnis wäre es wahrscheinlich, ihr eigenes Leben zu entwickeln, und täte sie das, erfüllte sie auch sein Bedürfnis, nämlich von ihr freigelassen zu werden.

Ein Mann unterdrückt eine wesentliche Seite in sich selbst, um dem Bedürfnis seiner Frau nach einem getreuen Ehemann nachzukommen; er mag sie so um die Gelegenheit bringen, durch Leiden eine bewußtere Frau zu werden, die zu werden für sie nötig wäre; vielleicht vergiftet er auch mit seinem Ressentiment über seine Entbehrung die häusliche Atmosphäre. Die paradoxe Kunst des Lebens besteht im gegenseitigen Dienen, ohne die eigene innere Wahrheit zu verraten. Es gibt nur einen Weg zu diesem zentralen Punkt. Ich kann die Bedürfnisse eines andern nie wirklich kennen, ich kann es mir nur zur Aufgabe machen, meine eigenen zu entdecken. Auf diese Weise folgt ein Mensch getreu seinem Weg zu mehr Wahrnehmung und Ganzheit in sich selbst, er behält zugleich den Willen, seinem Partner zu dienen, und er wird erfahren, daß er auf eben diese Weise auch dessen Bedürfnis erfüllt und daß Liebe zwischen ihnen besteht. Ganzheit ist Schlüssel und Ziel zugleich, Wahrnehmung das Werkzeug.

Ich glaube, daß es immer und in jedem Fall die gleiche Liebe ist, unabhängig von der Quantität; ob wir vom Licht gebadet werden oder einen einzigen Strahl empfangen, es ist die gleiche Liebe. Der Unterschied liegt in unserem Fassungsvermögen, in der Richtung und in der begleitenden Emotion. Wenn zwei Menschen betroffen sind, ist es, als ob ein Funke von ihren beiden entgegengesetzten Polen überspränge. Es besteht eine hochemotionale Spannung; die Liebe ist *zwischen* den beiden, und wir nennen sie Eros.

Wenn ein Mensch in sich selbst eine relative Ganzheit gefunden hat, begegnen sich die Gegenpole *in* ihm; hier ist keine äußere Spannung und keine Emotion. Vielleicht gewahrt dieser Mensch die Liebe, die er ausstrahlt, nicht; wir nennen sie »Agape«.

In meinen Augen ist es nicht unsere größte Aufgabe zu lernen, wie wir lieben können, sondern wie wir die Bedingungen erfüllen, unter denen Liebe zu uns kommen und bei uns bleiben kann.

Innerhalb der traditionellen Beziehungsstrukturen, Eltern und Kinder, Ehefrauen und Ehemänner, haben wir Vorbilder und Instinkte, die uns hinsichtlich der notwendigen Bedingungen leiten können.

Schwierig sind Beziehungen ohne vorgegebene Struktur. Hier gibt es keine Anleitung, wir können uns den Weg nur behutsam, geduldig und vorurteilsfrei ertasten. Jede Beziehung zwischen sich bewußtgewordenen Erwachsenen ist einzigartig, aber sie braucht einen Freiraum, um ihre eigene Blüte zu entfalten. Wir können die Knospe nur hüten und pflegen und darauf warten, ob die Blüte sich öffnet und zeigt. Wir dürfen ihre Einzigartigkeit nicht vergessen und uns nicht irreleiten lassen durch die Ratschläge von Vorgängern oder durch psychologische Lehrmeinungen, die unsere besondere Struktur nicht kennen, so wenig wie wir selbst. Die äußere Form einer solchen Beziehung sagt nichts über ihre Bedeutung oder über ihren Wert aus, der letztlich in der Qualität der Begegnung liegt.

Die Sorge für eine einzigartige individuelle Blume der Beziehung kann mit Herzzerbrechen und mit der Aufgabe vieler persönlicher Wünsche verbunden sein. Und doch ist Pflegen nicht

Liebe. Vielleicht entspricht das Maß unserer Treue gegenüber den Bedürfnissen einer Beziehung einer Struktur, die wir nicht kennen, dem Maß, in dem Liebe durch sie hindurchscheinen wird. Wir haben keine Wahl. In die Liebe werden wir erwählt. Unsere Wahl liegt nur im Annehmen oder im Zurückweisen der Aufgabe.

Ich spüre Zweifel, wenn ich von Heilung durch Liebe höre. Manche Dinge fühlen sich wie Liebe an und sind doch etwas gänzlich anderes. Das Verströmen von Libido auf einen andern ist nicht notwendigerweise heilsam, es kann Bindungen schaffen, aus denen es kein Entrinnen gibt.

Auch Zärtlichkeit und Verständnis heilen nicht immer. Manchmal müssen wir hartbleiben, damit der Leidende mit dem Kopf gegen einen Mangel an Verständnis anrennen kann, bis er sich seine eigene Lösung herausgeschlagen hat. Das scheint von Liebe weit entfernt zu sein, doch der Helfende erfüllt eine notwendige Funktion, und Heilung erfolgt von innen her. Eine Ganzheit entsteht zwischen dem Leidenden und dem Helfenden oder innerhalb des Kranken selbst, und Liebe tritt ein und heilt. Ich glaube fest, daß letztlich allein Liebe heilt. Die Heilung geschieht durch ein Wunder, das Wunder ist die Liebe.

In der analytischen Situation ist oft Liebe da. Die Liebe des Patienten für den Analytiker, die so leicht in Haß umschlagen kann und unter beiden Vorzeichen wirksam ist. Wann immer Heilung eintritt, ist ein göttlicher Funke gegenwärtig, unabhängig von der spezifischen Emotion dieser analytischen Stunde.

Das ist kein Verdienst von seiten des Analytikers. Es ist seine Aufgabe, sich von Projektionen freizuhalten, während er die Übertragung des Patienten annimmt, so daß der Kanal für Heilung durchlässig bleibt. In den seltenen Augenblicken wahren Heilens spricht der Analytiker vom Selbst aus und mit mehr Weisheit, als ihm eigentlich gegeben ist, und Liebe ist gegenwärtig. Oder in einem Schweigen widerfährt dem Patienten plötzlich eine Erleuchtung, sein Bewußtsein erweitert sich und läßt Liebe eintreten.

Diese Liebe bleibt nicht. In dem Begriff der »Übertragung« liegt etwas, das die menschliche Würde verletzt. Im künstlichen Zusammenhang der flüchtigen analytischen Beziehung tauchen gewaltige Emotionen auf.

Das braucht uns nicht zu verletzen, wenn wir verstehen, daß Liebe immer echte Liebe ist und geht, wenn sie nicht mehr in die Situation gehört.

Es sei nicht unerwähnt, daß Analytiker Hilfe durch die nichtfordernde Libido ihrer reiferen Patienten erfahren, die sie befähigt, den Belastungen ihres Berufes standzuhalten, und die ihnen Vitalität und Energie gibt. Ähnliches erfahren auch Geistliche und andere helfende Berufe.

Die Liebe zwischen Therapeut und Patient ist niemals eine Einbahnstraße. »Wir lieben die, denen wir dienen«, sagte mir ein Arzt. Bereitschaft zum Dienen zeigt die Anwesenheit von Liebe. Der Analytiker dient gewiß. Der Neurotiker ist nicht zum Dienen bereit und schließt sich so von der Liebe aus.

Gegenseitiges Bedürfnis und Bereitschaft zum Dienen gehören zur analytischen Situation. Der Patient braucht den Analytiker, und der Analytiker braucht notwendig seine Patienten, für seinen Lebensunterhalt und für sein Bedürfnis zu dienen. Fast könnte man von seinem Bedürfnis zu lieben sprechen, besser noch von seinem Bedürfnis, ein Instrument zu sein, durch das Liebe eintreten und heilen kann. Das ist es wohl, was die helfenden Berufe kennzeichnet.

Wie sieht die Situation aus, wenn im gewöhnlichen Leben Liebe nicht erwidert wird? Es scheint, als gäbe es keine Ganzheit. Bei genauerem Hinschauen stimmt diese Annahme nicht. Beatrice erfüllte Dantes Bedürfnis, indem sie so war, wie sie war. Er brauchte sie als Ziel für seine Anbetung und als Spiegel für seine Seele. Er bewunderte sie und forderte nichts. Er verlangte nicht mehr als ein flüchtiges Lächeln. Mit der Anspruchslosigkeit seines Gebens vertrieb er die Liebe nicht, in die er gewählt war. Ich zweifle nicht, daß Beatrice die reichere war, auch wenn sie es nicht wahrnahm. Wahres großmütiges Geben macht den Geber ganz und den Empfänger reich; durch unsere kleinlichen Ansprüche, unsere egoistischen Forderungen und unsere dumme Eifersucht wird Geben mißbraucht, zur schrecklicen Last, und Liebe verschwindet.

Liebe ist einzigartig, wir dürfen sie nicht mit den vielen anderen Qualitäten verwechseln, die Beziehungen innewohnen, wie Zärtlichkeit, Sympathie, Verstehen, Geduld; auch Ungeduld, Zorn und Eifersucht sind wesentliche Weggenossen von Beziehungen. Keiner von ihnen aber ist Liebe, nicht einmal alle zusammen. Eine

Beziehung hat ihre eigenen Verpflichtungen und legitimen Forderungen, Liebe aber beansprucht keine Rechte.

Lose sprechen wir vom Haß als der Verneinung der Liebe. Wir wissen, daß das nicht stimmt. Haß ist nur die andere Seite der goldenen Münze der Liebe. Nur ein Tiefbetroffener macht sich die Mühe zu hassen. Ein Schüler fragte, wie viele Leben es brauche, um Nirwana zu erreichen, und der Meister antwortete: »Sieben Leben für einen, der Gott liebt, drei Leben für einen, der Gott haßt.«

Als ich achtzehn war, schlossen in meiner Vorstellung Eifersucht und Liebe einander gänzlich aus. Wer wirklich liebte, hatte nicht das Recht, Anstoß zu nehmen an dem, was den andern glücklich machte. Das Leben hat mich gelehrt, daß es so einfach nicht ist, daß Eifersucht mehr ist als der egoistische Wunsch, den anderen ganz für sich allein zu besitzen. Eifersucht ist auch die Angst der Verzweiflung; die Ganzheit, die ich mit dem Geliebten gefunden hatte, ist zerbrochen. In Stücke zerschmettert liegt die goldene Münze der Liebe mir zu Füßen. Ich bin furchtüberwältigt, doch die Furcht ist nicht feucht und klamm, sie brennt heiß mit der Intensität meines Wunsches nach Ganzheit und meiner Verzweiflung über den Betrug. Dieses heiße Brennen kann zerstörerisch sein, und Othello erwürgte seine Desdemona in blinder Eifersucht.

Wenn Eifersucht sehen lehren kann, wenn ein Verstehen wächst, während das Herz von Eifersucht zerrissen ist, dann kann das verzweifelte Streben sich auf einer neuen Ebene wandeln, auf der das weißglühende Gefühl die zerbrochenen Stücke der goldenen Münze zusammenschweißt. Durch die Annahme der eigenen Verzweiflung und die Demut des Vergebens wird die Rückkehr der Liebe möglich. Die Ganzheit ist innerhalb des Leidenden selbst wiederhergestellt. In dunkler, niederer Eifersucht gefangen zu sein ist keine Schande. Ihr Fehlen sollte uns eher stutzig machen, denn das riecht verdächtig nach Gleichgültigkeit. Der tolerante Mann, den die Untreue seiner Frau kühl läßt, ist ein kalter Fisch, der die Ehe eben durch die Kühle seine Objektivität zerstört. Ein Liebhaber, den Eifersucht nicht feuriger macht, ist ziemlich verletzend. Verstehen braucht das Verschmelzen mit intensivem Gefühl, ehe eine Wandlung eintreten und das Vergeben einer Untreue echt klingen kann.

Gleichgültigkeit ist wie ein Gift, das unser Wachstum verhindert und blockiert. Die Negation der Liebe besteht nicht in Haß, Ärger oder Eifersucht, sondern in Gleichgültigkeit, oft verborgen unter dem Gewand kultivierten, rationalen Verhaltens, sie bedeutet den Verlust der goldenen Münze.

Gleichgültigkeit entspricht unserer Unfähigkeit, dem andern zu begegnen und der Situation gerecht zu werden, oder unserem Unvermögen, den Gegensätzen in uns die Begegnung zu erlauben. Wo Liebe ist, war zuerst eine Begegnung der Gegensätze, die Ganzheit schuf.

Mit achtzehn konnte ich es nicht sagen, aber ich wußte, daß Liebe von Gott kommt. Es dauerte lange, und ich mußte eine weite Reise machen, bis ich so weit war, das Wort »Gott« in den Mund zu nehmen. Menschen, die in den Augen eines Kindes wenig Beziehung zu Gott zu haben schienen, hatten zuviel über ihn geredet und unglaubhafte Versicherungen über ihn abgegeben. So mußte ich eine weite Entdeckungsreise durch die äußere und die innere Welt unternehmen, um ein Bild der Ganzheit mitzubringen, in dem sich die Gegensätze alle begegnen, auch unser kleines Ich und das große Unbekannte. Jung spricht von der »transzendenten Funktion« und nennt das Selbst ihr Ziel. Auch wenn wir seine Bedeutung nicht verstehen, haben wir das Bedürfnis, einen Ausdruck für den flüchtigen Schimmer der Ganzheit zu finden, der uns zuteil wird, nach einem Symbol, das den Moment der Transzendenz andeutet. Das kann das christliche Symbol des Kreuzes sein oder etwas anderes. Die Form ist gleichgültig. Wir streben nach dem Bild der Ganzheit, dem erhabenen Ort der Begegnung. Ganzheit scheint uns wiederholt in unserem Leben zu berühren, jeweils entsprechend unserer Fähigkeit, und uns zu einer Richtungsänderung zu zwingen. Es ist dabei unerheblich, welchen Namen wir der Erfahrung der Liebe geben.

Ich setze die Liebe nicht mit dem Selbst gleich, ich stelle mir das Selbst als unser Symbol der Ganzheit vor, als das Bindeglied zwischen den beiden, die sich begegnen. Begegnungen geschehen immer in Anwesenheit des Selbst, und wenn es fehlt, ist das, was wir für Liebe halten, vielleicht Lust, Pflicht, Gier, Selbstverleugnung oder etwas anderes, aber nicht Liebe.

Auch mit Gott setze ich die Liebe nicht gleich, weil ich nicht weiß, was Gott ist. Ich weiß und ich habe immer gewußt, daß die Liebe mehr ist als Begegnung.

Am Ende dieses Kapitels weiß ich über die Liebe nicht mehr als zu Beginn. Immerhin sind im Laufe meiner Betrachtungen einige Bedingungen aufgetaucht, die erfüllt werden müssen, wenn wir wollen, daß Liebe in unserem Leben mehr ist als ein flüchtiger Gast.

Der Regenmacher

Im Frühjahr 1959 begab sich eine seltsame Geschichte:

Dem Dalai Lama von Tibet gelang mit wenigen Begleitern die Flucht vor den Chinesen, die mit einem großen Truppen- und Flugzeugaufgebot nach ihm suchten, während die Weltöffentlichkeit den Atem anhielt. Später wurde bekannt, daß während seiner Flucht die Berge in jahreszeitlich gänzlich unüblichen Nebel gehüllt waren, der sich augenblicklich lichtete, als die indische Grenze und damit Sicherheit erreicht war.

Im gleichen Zusammenhang berichtete der Korrespondent der nüchternen ›The Times‹ von einem hohen Fest in Tibet: Er habe besorgt zu bedrohlichen Gewitterwolken aufgeschaut, und ein Einheimischer sei auf ihn zugekommen und habe ihn beruhigt, es sei kein Grund zur Sorge gegeben; es seien mehrere Lamas anwesend, vor Ende des Festes werde es nicht regnen. Tatsächlich begann es erst zu gießen, als auch der letzte Teilnehmer heimgekommen war.

Wir können diese Geschichten mit einem Achselzucken abtun oder sehr behutsam versuchen, die Bedeutung dieses Geschehens zu begreifen.

Die Flucht des Dalai Lama und die den Lamas zugeschriebene Einflußnahme auf das Wetter erinnern an die Geschichte von dem Regenmacher aus dem alten China. In einem abgelegenen Ort hatte eine lange Trockenzeit die Felder ausgedörrt, die Ernte war gefährdet, und den Menschen drohte eine Hungersnot. Sie taten, was sie konnten, sie beteten zu den Ahnen, und die Priester zogen mit den heiligen Bildern aus den Tempeln in Prozessionen über die Felder. Doch Rituale und Gebete brachten keinen Regen.

Verzweifelt schickten sie schließlich nach einem Regenmacher. Der kleine alte Mann kam, und sie fragten ihn, was er brauche. »Nichts außer einem stillen Platz, an dem ich allein sein kann.« Sie stellten ihm ein kleines Haus zur Verfügung, und er lebte dort still für sich und tat die Dinge, die eben im Leben zu tun sind, und am dritten Tag kam der Regen.

Diese Geschichte bewegt mich tief, ähnlich wie eine Christuslegende, und ich erlebe sie als ein Beispiel für die notwendige Ergänzung zu unserem westlichen Aktivitätsdrang.

Wären wir doch Regenmacher! Freilich meine ich Regen nicht wörtlich. Ich habe jene Menschen im Sinn, und einem oder zwei bin ich begegnet, die still und ohne Aufhebens ihren ganz alltäglichen Geschäften nachgehen. Sie sind keine großen Helfer oder Ratgeber, sie beten nicht laufend um Erleuchtung oder um mystisches Einssein mit Gott, sie fallen auch nicht sonderlich auf, und doch geschieht etwas um sie herum.

In ihrer Gegenwart leben andere bereichert: Unerwartete Arbeitsmöglichkeiten tun sich auf, für Unbehauste werden Wohnungen frei, und Liebende begegnen sich. Um sie herum blüht und gedeiht das Leben, sie rühren keinen Finger, niemand schreibt ihnen die Geschehnisse zu, am wenigsten sie selbst. Regenmacher sind sehr unauffällig. Menschen, um die herum das Leben welkt, sind leichter zu entdecken.

Tatsächlich verursachen diese seltenen Menschen, um die herum das Leben blüht, das Blühen nicht. Der Regenmacher unserer chinesischen Geschichte verursacht den Regen nicht mit Hilfe irgendwelcher übernatürlicher Kräfte. Auch der Dalai Lama beansprucht gewiß nicht für sich, den schützenden Nebel für seine Flucht verursacht zu haben.

Der Regenmacher verursacht den Regen nicht, er *erlaubt* ihm zu fallen. Mit unseren rapide expandierenden Naturwissenschaften ringen wir der Natur ihre physikalischen und biologischen Geheimnisse ab, wir machen die Erde fruchtbarer, die Menschheit wohlhabender, und wir beherrschen Krankheiten, die uns befallen. Zugleich aber errichten wir Hindernisse, wir blockieren Ströme und vergiften Quellen mit der Einseitigkeit unseres Verstehens und der Härte unserer Herzen. Und vielleicht hindern wir den Regen am Fallen.

Wir haben das Zulassen und Erlauben verlernt. Das Besondere des Regenmachers ist sein Wissen um das Zulassen. Der Regenmacher geht mitten auf der Straße, die Vergangenheit hält ihn nicht zurück, und die Zukunft drängt ihn nicht, die Rechte und die Linke locken ihn nicht von seinem Pfad weg. Und während er allen Kräften erlaubt, auf ihm zu spielen – der Vergangenheit und der Zukunft, der äußeren Welt zur Rechten, den inneren Bildern zur Linken –, nimmt er den lebendigen Moment wahr, in dem alle diese Kräfte sich begegnen.

In seltenen Augenblicken begegnen sich innerhalb eines Menschen alle Gegensätze: Gut und Böse, Licht und Schatten, Geist und Körper, Verstand und Herz, männlich fokussiertes Bewußtsein und weibliche Wahrnehmung, reife Weisheit und kindliches Staunen. Alle Bereiche sind zugelassen, keiner wird verdrängt, und in diesem Augenblick ist der Mensch, auch wenn er kein Wort äußert, in einer betenden Haltung. Sein rezeptives Zulassen beeinflußt alle um ihn herum; der Regen fällt auf verdorrende Felder, Tränen verwandeln bitteren Gram in fließende Trauer, und geprügelte Kinder trocknen ihre Tränen und lachen.

Diese Haltung des wortlosen Gebets, die nichts will und nichts verlangt, ist der heute oft geübten absichtsvollen Einflußnahme unter der Oberfläche diametral entgegengesetzt. Es besteht ein riesiger Unterschied zwischen Zulassen und beabsichtigter Machtausübung. Mir geht es in diesem Zusammenhang nicht um die offensichtlichen äußeren Machtanwendungen durch körperliche Gewalt und durch den Druck der öffentlichen Meinung und der herrschenden Moral. Ich spreche von Macht, die auf dem Weg über das Unbewußte ausgeübt wird.

Die direkte Beeinflussung des Unbewußten eines anderen unter Umgehung seines Verstandes ist eine machtvolle Technik, die derjenige benutzt, der ohne nachfolgende bewußte Diskussion eine Idee ausstreut. Die Idee wird gehört und aufgenommen und sinkt in das Unbewußte ein. Wenn sie auf fruchtbaren Boden fällt, schlägt sie Wurzeln, wächst, und später tritt sie so in Erscheinung, als wäre sie ein völlig eigener Gedanke.

Propheten und Lehrer haben seit undenklichen Zeiten diesen Weg der Kommunikation benutzt. Sie haben zu der Menge des Volkes gesprochen, sie haben nicht mit bewußten Individuen diskutiert, und die Samen sind aufgegangen. Auf diese Weise geschehen Bekehrungen, nicht durch Argumentation und rationale Überzeugung.

Vielleicht sind unsere Kirchen heute so leer, weil die Prediger sich an das bewußte Verstehen ihrer Hörer wenden und außer acht lassen, daß die emotionale Dynamik aus dem Unbewußten kommt.

Es ist schwierig, sich vor Kommunikationsformen zu schützen, die das Unbewußte ansprechen. Die Werbung benutzt diesen Weg mit voller Absicht, um die Menschen in ihrem Denken und Wünschen zu beinflussen. Die Tagespresse beutet diese Möglichkeit zugunsten der politischen Parteien aus, und Diktaturen und totalitäre Regierungen gebrauchen sie meisterhaft.

Das unmittelbare Ansprechen des Unbewußten, unter Umgehung des widerstrebenden Verstandes, ist nicht unbedingt schädlich. Diese Technik wird von Therapeuten oft bewußt eingesetzt, und ungezählte Frauen beherrschen die Kunst, ihre Ideen dem andern diskussionslos beizubringen.

Das kann weise und wohltuend sein, aber es kann auch zu einer Waffe werden. Die Gefahr liegt gerade in der Vortrefflichkeit der Methode.

Abgesehen von grobem Mißbrauch durch Gewaltherrschaft und Werbung, können wir unwissentlich durch ihre subtile Anwendung in persönlichen Beziehungen geschädigt werden. Männer werden benutzt durch die verrückten Ideen, die ihre Frauen ihnen heimlich einträufeln. Nach meiner Erfahrung sind auch Intellektuelle dagegen nicht gefeit. Frauen aber werden geduckt und ihrem eigenen Weg durch die beständigen Überlegenheitsansprüche entfremdet, die Männer absichtslos fallenlassen.

Gute Absichten allein genügen nicht. Ohne ein erweitertes Bewußtsein für das, was wir sagen und tun, sind unsere guten Absichten Pflastersteine für den Weg zur Hölle. Sobald wir versuchen, das Denken und Handeln anderer Menschen durch Untergrundmethoden zugunsten bestimmter Ziele zu beeinflussen, entfernen wir uns von der Straße, die zum Regenmacher führt.

Es liegt an uns, den Weg zu wählen, den wir gehen wollen. Entscheiden wir uns für die Ausübung persönlicher Macht, für vorgefaßte Zwecke, die nicht egoistisch sein müssen, wie das allgemeine Wohl? Oder erkennen wir bescheiden an, daß wir als Menschen das letzte Ziel nicht kennen, und arbeiten wir still an einer eigenen Einstellung, die zuläßt, daß das Leben um uns her sich voll entfalten kann?

Wir erreichen die gewählte Richtung nicht, solange wir auf der entgegengesetzten Strecke reisen. Wer nach Norden will, vermeidet besser die nach Süden führenden Straßen.

Ein gerüttelt Maß Bewußtsein ist nötig, nicht versehentlich in die falschen Straßen einzubiegen. Es ist unsere Sache, die Richtung festzustellen, in die wir reisen: Geht es uns um Macht und um das Erreichen festgesetzter Ziele, oder lassen wir die anderen aus unserer Dominanz frei und erlauben ihnen, sich gemäß ihrer eigenen Bestimmung zu entwickeln?

Ein Regenmacher zu sein, das ist ein fernes Ideal und für uns kaum erreichbar, abgesehen von begnadeten Augenblicken – sie sind wie ein Licht am Horizont, zu dem gelegentlich ein Wegweiser hinzeigt. Solange wir seiner Richtung folgen, können wir sicher sein, daß der Weg nicht in eine unrechtmäßige, sondern vielleicht in eine wohlwollende Machtausübung hineinführt.

Das Ideal ist fern; wie aber können wir in dieser komplizierten Welt irgend etwas beeinflussen oder verhindern? Beim genauen Hinschauen entdecken wir, daß die äußere Welt auf uns unterschiedlich reagiert, jeweils entsprechend der eigenen inneren Verfassung.

Als Beispiel nehmen wir eine alltägliche Situation, wie sie von einem schüchternen Menschen erlebt wird, der zu einem Gruppentreffen kommt. Er ist nahezu unsichtbar, gleich, ob er sich in der hintersten Reihe versteckt oder in der ersten Reihe sitzt. Sobald das Treffen vorbei ist, schleicht er sich davon, aus Angst, jemand könnte ihn ansprechen, und zugleich noch beunruhigter durch die Vorstellung, niemand spreche ihn an. Unter seiner Schüchternheit steckt eine positive Persönlichkeit, der er selbst noch nicht begegnet ist. Lebenserfahrung oder eine Analyse bringen diese verborgene Seite zutage, und das nächste Mal entdeckt er beim Betreten desselben gefürchteten Raums, daß seine Verlegenheit ihn verlassen hat und daß dieselben Leute, die ihn zuvor übersahen, ihn jetzt von sich aus ansprechen. Die einzige Veränderung in der Situation ist seine neue Selbstsicherheit.

Jeder kennt jene schrecklichen Tage, an denen alles schief geht. Ich verpasse um Haaresbreite den Zug, mein Chef hat schlechte Laune, der Busfahrer ist unhöflich zu mir, und die Verkäuferin bedient mich nicht. Wenn ich objektiv sein könnte, und das fällt mir an solch einem Tag besonders schwer, wüßte ich, daß die Wurzel allen Übels in meiner eigenen negativen Stimmung steckt. Gleich und gleich gesellt sich gern.

In Zeiten, in denen alles schön und glatt läuft, fällt es uns leicht zu glauben, daß wir alles Gelingen dem eigenen Charme, Geschick, guten Geschmack und unserer Tüchtigkeit zu verdanken hätten. In diesem Fall neigen wir dazu, uns mehr Verdienst zuzuschreiben, als uns zukommt, während wir an dunklen Tagen zu wenig Verantwortung übernehmen. Beide Male aber beeinflußte die eigene innere Stimmung in einem gewissen Maß, wie die äußere Welt auf uns ansprach.

Wenn wir die Verantwortung für diesen eigenen Anteil an den äußeren Bedingungen übernehmen, betreten wir den Pfad zu einer neuen Freiheit, in der wir nicht länger blinde und unfähige Opfer unserer Umgebung sind.

Das ist ein großer Schritt, weil er der erste ist, auch wenn er uns nicht sehr weit bringt.

Selten können wir unsere Stimmung willentlich ändern. Wenn wir ihre Existenz einfach anerkennen, können wir vielleicht darüber lachen. Ein freundliches Lachen mit uns selbst erfrischt die Luft wie Sauerstoff, der in einen stickigen Raum geblasen wird.

Für nahe Beziehungen wie die Ehe gilt, daß die eigene Einstellung den Raum stickig machen und die Reaktion des Partners beeinflussen kann. Die Frau zum Beispiel, die sich über ihren herrischen Ehemann beklagt, hat sein Verhalten gewöhnlich durch ihre unterwürfige Haltung heraufbeschworen. Ihre unbewußte Neigung zur Unterwürfigkeit hat sie einen Tyrannen zum Partner wählen lassen. Sobald sie lernt, für sich selbst und ihre Belange einzutreten, wird seine Verachtung nach der ersten Überraschung in Bewunderung umschlagen, auch wenn er das für sich behält. Denn der Tyrann, und das ist ebenso oft die Frau, verachtet das unterwürfige Opfer.

Ähnlich liegt die Situation für eine Frau, die an der Unfähigkeit ihres Mannes, sie zu verstehen, verzweifelt; sie braucht die Erkenntnis, daß sie es unterlassen hat, ihm klar zu sagen, was sie will und was sie meint, und wahrscheinlich hält sie sich selbst darüber im Ungewissen. Die eigene Verwirrung vieler Frauen heute über sich selbst und über ihre Wünsche an das Leben schafft einen Nebel um sie, der jedermann verwirrt. Wichtiger als ausgesprochene Erklärungen ist freilich die eigene innere Klarheit.

Ich glaube, daß es eine unserer wichtigsten Aufgaben im Leben ist, innere Klarheit zu erreichen. Ich habe den Ausdruck »innere Klarheit« an früherer Stelle, im Kapitel ›Begegnungen‹, gebraucht, und ich will hier darlegen, was ich darunter verstehe, unter Verwendung meiner eigenen Bildersprache.

Ich stelle mir vor, daß jeder Mensch sein Leben lang mit Gott durch einen besonderen unsichtbaren Faden verbunden ist. Der Faden kann nicht reißen und nicht weggenommen werden, doch er kann unserem Griff entgleiten, und wir können ihn trotz allen Suchens nicht wiederfinden.

Der Faden ist im Körper verankert, er geht weiter durch die Sphären des Herzens, des Kopfes und der geistigen Möglichkeiten. Weiter oben an unserem individuellen Faden und gewöhnlich außerhalb unserer Reichweite sind in meinem Bild Engel und Dämonen als Vermittler zu Gott. Den eigenen Faden in der Hand zu haben nennen die Jungianer »in Berührung mit dem Selbst stehen«. Engel und andere Figuren sind die Archetypen, die jeder kennt, der eine Analyse nach Jung gemacht hat. Ich sage gar nichts Neues, ich benutze lediglich die einfache Sprache, um die gleiche Sache zu beschreiben, einmal, weil ich die einfache Sprache mag, und zum anderen, weil ich eine Sache erst wirklich verstehe, wenn ich sie in meinen eigenen Worten sagen kann.

»Innere Klarheit« meint, bewußt wahrzunehmen, daß ich mit dem eigenen Faden verbunden bin, heißt, zu wissen, was ich weiß, und imstande zu sein, einfach und ohne Aufhebens fest auf der eigenen inneren Wahrheit zu bestehen.

Wenn wir mit unserem vitalen Faden Verbindung haben, nehmen die Dinge ihren Lauf, und das Leben um uns entspricht unserer individuellen Bestimmung. Das heißt freilich nicht, daß alles nach unseren Wünschen liefe. Auch Mißgeschick und Fehler gehören in unsere Lebensstruktur. Von Zeit zu Zeit sind auch Krankheiten notwendig, um uns eine Pause zu geben oder um uns eine Lektion zu erteilen, die wir anders nicht lernen. Doch alles hat seine Bedeutung, und früher oder später erkennen wir, wie es in unsere Lebensstruktur hineinpaßt. Wenn wir den Faden verloren haben, erscheint uns das Leben sinnlos, unannehmbar und ohne Bedeutung. Man kann beobachten, daß das Leben reicher um die fließt, die mit ihrem Faden verbunden sind. Stürme halten sich zurück, und der Regen fällt, wie es notwendig ist. Es lag nicht in der Bestimmung des Dalai Lama, den Chinesen in die Hände zu fallen. Er brauchte keinen Zauber zu üben, es geschah einfach, daß die Berge in Nebel gehüllt waren, bis er entkommen war.

Den Weg des Erlaubens und des Freiseins zu betreten heißt nicht notwendigerweise, in alles und jedes einzuwilligen oder inaktiv zu sein. Der Regenmacher kann durchaus eine aktive, starke Persönlichkeit sein. Aber er mischt sich nicht ein, er blockiert die Pfade der anderen nicht. Während er sich primär um seinen eigenen Faden kümmert, passen seine Aktivitäten zu ihm und zu seinem Lebensmuster. Er versucht weder Einfluß noch Macht über andere auszuüben, nicht einmal im Unbewußten.

Sein Handeln wird ihm von seiner eigenen inneren Wahrheit abverlangt. Er handelt dann, wenn Untätigkeit Untreue gegen sich selbst wäre. Ein Mann sitzt am Strand, tief versunken in ein intellektuelles Problem; er läßt seinen Faden nicht los, wenn er sich plötzlich in die Fluten stürzt, um einen Fremden vor dem Ertrinken zu retten; selbst wenn er dabei die mathematische Formel verliert oder die Gedichtzeile, die sich gerade in ihm formte. Eher wäre er sich durch Taubheit den Hilferufen gegenüber untreu geworden. Für andere ist Handeln die bestimmende Note ihres Lebens. Wir können darüber nicht urteilen.

Treue sich selbst gegenüber darf nicht mit Egoismus verwechselt werden. Ein Mensch, dem es gelingt, in Berührung mit seinem Lebensfaden zu bleiben, trägt im Herzen die Worte: »Dein Wille geschehe, nicht meiner«.

Solange wir in Kontakt mit diesem Faden stehen, schwebt gleichsam unser Schutzengel über uns und leitet unsere Schritte. In dem Augenblick, in dem wir ihn verlieren, fühlen wir uns verloren, ziellos, unsicher und des ursprünglichen Zaubers beraubt, der kleine Kinder behütet. Wenn dem kleinen Kind die Freiheit gelassen wird, seinem Instinkt zu folgen, begegnet es vielen Gefahren, die es wunderbarerweise übersteht.

Ich habe Herzklopfen bei der Erinnerung an einen winzigen Zigeunerbuben, der in seinem kurzen Hemdchen auf einer Mauer am Rande einer Schlucht entlangspazierte. Er war ganz sicher. Er ging am Rande des Abgrundes mit der sorglosen Sicherheit einer Katze. Er hatte seinen Faden noch fest in der Hand.

Uns im Westen wird früh beigebracht, unseren Instinkten zu mißtrauen, von dem Augenblick an, in dem wir in konventionelle Verhaltensweisen gedrängt werden. Den Platz des unsichtbaren Fadens besetzen Vernunft und brutale Gewalt. Die Vernunft wird überhöht, und es wird von uns erwartet, ihren konformistischen Diktaten zu gehorchen. Brutale Gewalt dehnt sich aus und entlädt sich in weltweiten Kriegen. Die beiden falschen Götter Vernunft und Gewalt werden durch Machtgier zusammengehalten.

Kranke und Enttäuschte sind auf der Suche nach ihrem verlorenen Faden, und Therapeuten haben die Aufgabe, ihnen dabei zu helfen. War es für sie notwendig, ihn zu verlieren? Ich glaube, daß der Instinkt des kleinen Kindes nahtlos in die innere Stimme des Erwachsenen einmünden könnte, wenn wir das nur zuließen. Wir müssen lernen, unseren Kindern zu vertrauen und ihnen beizubringen, ihrem eigenen gesunden Gefühl zu vertrauen, statt auf Gehorsam gegenüber äußerer Autorität und auf Konformität gegenüber gesellschaftlichen Normen zu bestehen.

Die erste sichere Stelle, an der wir an unserem Faden festhalten müssen, ist Gehorsam gegenüber den Bedürfnissen des Körpers. Ich verstehe unter Körper das Zusammenspiel aller Organe und Funktionen, und Sex ist in diesem Sinne ein Teil unter anderen. Wenn wir hinhören, bemerken wir, daß der Körper uns ständig Signale sendet.

Die Ärzte beginnen das zu erkennen. Es ist inzwischen bekannt, daß Magengeschwüre Angstsymptome sein können und daß Hautbeschwerden häufig psychologische Ursachen haben. Unser Körper beschwert sich buchstäblich, wenn wir in die Irre gehen. Jung hat auf die Notwendigkeit hingewiesen, auf solche »Beschwerden« zu hören und sie medizinisch behandeln zu lassen. Ein Mann, der Schwierigkeiten mit seinem Rachen hat, müßte überlegen, ob es in seinem Leben eine Situation gibt, die er nicht schlukken kann. Und wenn wir Verdauungsbeschwerden haben, gibt es vielleicht etwas, das wir nicht verdauen können.

Eine Bekannte erwachte von Zeit zu Zeit nachts mit einem akuten Schmerz im Enddarm. Seit dem ersten Anfall weiß sie um die funktionelle Natur dieser Störung, und sie nimmt Jung ernst und hält nach giftigen Konzepten Ausschau, die sie unversehens geschluckt hat und die der Ausscheidung bedürfen. Sobald sie sie findet, verschwindet der Schmerz. Sie hat aus Erfahrung gelernt, daß gewisse unaufmerksame, überglatte psychologische Erklärungen ihr Schmerzen machen und daß die Ausscheidung erfolgt, indem sie die falsche Auffassung nachdrücklich verwirft.

Zu Beginn meiner Analyse beunruhigte mich ein Schmerz in der rechten Hand. Ich konnte keine Nadel mehr halten, später keinen Federhalter, und schließlich konnte ich keinen Besen mehr ohne große Schmerzen betätigen, und die Hand war geschwollen. Ich erzählte meinem Analytiker davon. »Sie können die Dinge nicht begreifen«, meinte er, und nach einer Pause, »ist es nicht so, daß Sie die Pobleme mit Ihrem Ehemann nicht aufgreifen?«

Ich war wie vor den Kopf geschlagen, und auf dem Heimweg war ich entschlossen, dies zu beenden. Wenn mein Körper sich weigerte und schmerzte, mußte die Sache ernst sein. Als ich aus dem Bus ausstieg, war die Schwellung zurückgegangen, und am Abend, als ich die schwierige Angelegenheit mit meinem Mann besprach, bemerkte ich plötzlich, daß ich unwillkürlich eine Nadel in die Hand genommen hatte und Socken stopfte, ohne jeden Schmerz. Diese Lektion habe ich nicht vergessen.

Manchmal braucht es mehr, als unseren Körper zu uns sprechen zu lassen, wir müssen ihm zu handeln erlauben. Uns ist beigebracht worden, daß der Körper der gehorsame Diener des Geistes sein solle, doch es gibt Zeiten, in denen die Diener es besser wissen als die Herren. Ein Mann, der in der Welt der Bücher lebt, ist gewiß kein Schwachkopf, wenn er die Pflege seiner Rosen seinem Gärtner überläßt. Und ein Reiter weiß, daß in schwierigem, unbekanntem Gelände manchmal sein Pferd besser als er beurteilen kann, wohin es seine Füße setzen soll.

Mein Körper ist wie mein Pferd, das gelegentlich einen Sprung verweigert, weil es instinktiv eine Gefahr auf der anderen Seite des Grabens spürt. Ich täte gut daran achtzugeben, ob mein Körper sich widersetzt. Und wir sollten die Situationen beachten, die uns auf dem Magen liegen.

Wie wir uns in der betreffenden Situation verhalten, ist eine Sache bewußter Entscheidung; Krankheit sollte jedoch nicht ignoriert oder als unwichtig abgetan werden. Manchmal ist es hilfreich zu beobachten, wohin die Füße uns tragen, wenn wir ihnen die Wahl der Richtung lassen. Wenn Denken und Herz mir nicht klar sagen, ob ich zu einem wichtigen Ort hingehen soll, dann beachte ich, ob ich mir die Schuhe anziehe oder den Mantel wieder in den Schrank hänge.

Ich vertrete durchaus nicht die Meinung, daß wir von bestimmten Unternehmungen Abstand nehmen sollten, weil wir uns krank fühlen oder geschwollene Füße haben oder weil überall Hindernisse auftauchen. Die Kontiki-Expedition ist ein schönes Beispiel, wie klare Bestimmtheit alle Schwierigkeiten überwindet. Ich schlage nur vor, daß Krankheiten und Hindernisse als der Situation zugehörige Fakten betrachtet und nicht ignoriert werden sollen. Körperliche Symptome können uns mitteilen, daß wir uns in die verkehrte Richtung bewegen, und sie können Ausdruck von etwas

Unbewußtem sein, das die ganze Unternehmung unterminieren und vereiteln wird, wenn wir uns nicht psychologisch und medizinisch darum kümmern.

Die Entscheidung ist letztlich eine Sache des bewußten Verstandes. Wenn ich der Richtung nicht sicher bin und meinen Füßen folge, suche ich bewußt und absichtlich die Hilfe einer instinktiven Ebene in mir. Das ist etwas anderes, als sinnlos herumzurennen oder abergläubisch jedem Omen zu folgen. Ohne Zweifel sind manche Pferde zuverlässiger als andere, vielleicht spielen Kooperation und Freundschaft zwischen Pferd und Reiter eine Rolle. Ähnlich verhält es sich mit der Beziehung zwischen einem Menschen und seinem Körper. Das ist auch eine Frage des psychologischen Typs und der individuellen Bestimmung, und manche wohnen höher oben an ihrem Faden als andere. Ein Philosoph lebt wahrscheinlich weniger in Übereinstimmung mit seinem Körper als ein Bauer. Wenn wir den Kontakt mit dem Körper völlig verlieren, sind wir von unseren Instinkten abgeschnitten und zugleich von einem wesentlichen Teil unseres Lebensfadens.

Neben unserem Körper gibt es andere Stimmen, die zu uns sprechen, wenn wir es zulassen. Wir brauchen nur hinzuhören, ständig. Auch Träume sprechen zu jenen, die vertrauensvoll hinhören, und geleiten sie so, daß sie ihren Faden nicht verlieren.

Ein eindrucksvolles Beispiel für Vertrauen in das Unbewußte war eine Frau in England, deren Sohn in den Afrikakämpfen des letzten Krieges für vermißt erklärt wurde. Sie sollte in ihre amerikanische Heimat zurückkehren, aber sie wagte nicht, Europa zu verlassen, ohne zu wissen, was mit ihrem Sohn geschehen war. Sie betete inständig, und in der Nacht träumte sie, sie wanderte bergauf und bergab in vergeblicher Suche nach ihrem Sohn, und auf einmal stand eine schattenhafte Gestalt neben ihr. »Hör auf, nach deinem Sohn zu suchen«, sagte die Gestalt neben ihr, »er ist auf dem Weg nach Deutschland über Italien.« Beim Erwachen klang ihr die Stimme noch im Ohr, sie hatte keinen Zweifel mehr und nahm das nächste Schiff nach Amerika. Ihr Sohn war tatsächlich Kriegsgefangener der Deutschen geworden, und später wurde er über Italien in ein Gefangenenlager in Deutschland gebracht.

Erlauben, Zulassen und Vertrauen sind die Schlüsselwörter. Wir brauchen eine zulassende, vertrauende Einstellung gegenüber den Stimmen aus dem Unbewußten, die in Träumen und durch den Körper zu uns sprechen, während wir zugleich alle unsere bewußten Fähigkeiten voll einsetzen und ins Spiel bringen: Denken, Vernunft, Unterscheidung und Wissen, Stärke des Gefühls, Sinn für das Praktische und Intuition. Das ist die paradoxe Begegnung aller Gegensätze, aus der ein Regenmacher hervorgehen kann.

Lernten wir nur zu hören! Meistens hören wir nicht – wir reden. Wir diskutieren, argumentieren, überzeugen oder schwätzen, dies alles, um nicht hinzuhören.

Ich setze das gesprochene Wort nicht herab. Die Formulierung in Worten ist wesentlich für klares Denken, auch wenn subtile und tiefe Wahrheiten nur indirekt in der Sprache der Bilder und Symbole, durch Dichtung, Musik und Farben ausgedrückt werden können. Kunst ist die Suche nach Wahrheit, und alle Kunst, auch die visuelle, entsteht aus dem Hinhören. In Worten ausgedrückte Wahrheit ist Sprache, nicht mehr nur Rede.

Sprache und Rede sind deutlich unterschieden. Reden kann jeder. Das kann völlig vergeblich oder ein Vergnügen sein. Im Reden schärfen wir unseren Witz, und manchmal verstehen wir etwas. In jenen seltenen Augenblicken, in denen wir an unserem Faden sind, sprechen wir.

In einem Moment innerer Klarheit kann Sprache Weisheit vermitteln. Der Regenmacher spricht selten, ohne Anstrengung und Absicht teilt er sich durch das Schweigen mit.

Es ist für uns so notwendig, daß wir hören und noch einmal hören und dann erst sprechen oder daß wir der inneren Klarheit, die wir erlangt haben, erlauben, das Schweigen mit der Zeit zu durchdringen.

Die Wirkung eines Schweigens zwischen einem Mann und einer Frau habe ich beobachten dürfen. Die Frau war als Mädchen ungewöhnlich schweigsam gewesen, sie konnte, wie viele Frauen, ihr inneres Wissen nicht in Worte fassen, und alles andere schien ihr nicht der Rede wert zu sein. In ihren mittleren Jahren lernte sie im Verlauf einer Analyse, ihre angeborene Weisheit zu formulieren. Sie versuchte, ihrem intellektuellen Ehemann von ihren Entdeckungen in der inneren Welt zu erzählen, ihr ging jedoch das Wesentliche in der Übersetzung in Worte verloren. So machte sie ihn nur ärgerlich und trieb einen Keil zwischen sie beide. Später wurde ihr Mann schwer krank, und ein Traum sagte ihr, daß sie ihre Versuche aufgeben müsse, ihm ihre Gedanken aufzudrängen. Sie gehorchte, und in den beiden letzten Wochen vor seinem Tode geschah etwas Wunderbares. Von dem sterbenden Mann schien ein Strahlen auszugehen, das das Haus erfüllte und jeden Eintretenden berührte. Die erwachsenen Kinder fühlten sich wie nie zuvor zu ihrem Vater hingezogen, und wenn seine Frau an sein Bett kam, nahm er oft ihre Hand und küßte sie. Eines Tages sagte er ihr: »Ich kann dir nicht sagen, was du für mich tust. Ich habe nichts gewußt von den Dingen, die dich bewegten, und wie hätte ich davon wissen können. Jetzt aber weiß ich es.« Durch ihr Schweigen konnte die Frau ihrem Mann Vermittlerin sein, nicht zu ihrem Wissen, sondern zu seiner eigenen Seele.

Wir werden nie Schaden anrichten, solange wir unseren eigenen Faden in der Hand halten und eine Kraft zum Guten darstellen. Manchmal kommen wir dabei den Problemen anderer so nahe, daß wir spüren, daß wir teilnehmen müssen.

Schweigen scheint nicht immer die Antwort zu sein. Was können wir legitimerweise tun? Ratschläge sind im allgemeinen nutzlos. Wir wissen zu wenig. Rat kommt aus dem Speicher an allgemeinen Weisheiten oder aus der persönlichen Lebenserfahrung.

Die allgemeinen Weisheiten, die sich zu konventionellen Haltungen auskristallisiert haben, versagen, weil sie die besonderen Umstände außer Betracht lassen. Während wir das Gebot »du sollst nicht ehebrechen« wörtlich befolgen, begehen wir vielleicht eine andere, weit schlimmere Sünde. Manchmal sind moralische Vorstellungen und konventionelle Ratschläge völlig unangemessen.

Vielleicht ist unsere persönliche Lebens- und Beziehungserfahrung zu eng, um uns ein Urteil bilden zu können, von dem aus unser Rat käme. Wir kennen die Lebensstruktur anderer Menschen nicht. Auch erbetener Rat ist meistens arrogant und läßt die Tiefe unserer Unwissenheit außer acht.

Ich glaube, daß wir etwas anderes tun können. Der erste Schritt ist, uns selbst und unsere persönlichen Wünsche aus dem Problem herauszuhalten, der zweite, uns des eigenen Standpunkts bewußt zu werden. Und jetzt können wir einen festen Bezugspunkt anbieten wie einen Pfahl, der fest im Sand verankert ist und um den ein Tau von den kleinen Booten aus geworfen werden kann, die von den Wogen der Emotionen hin und her geworfen werden. Wenn mehrere Freunde feste Pfosten anbieten können, die gleichsam für verschiedene Gesichtspunkte stehen, bieten sie einige Stärke und Stabilität und helfen den Menschen draußen im Sturm, ihre eigene Lösung zu finden. Nicht unsere Lösung, ihre.

Weder unser Rat noch unsere Lösung werden gebraucht, sondern unser Verbundensein. Ich benutze das Wort Verbundensein absichtlich, und ich will klarstellen, was ich darunter verstehe. Ich meine nicht das Planen für das Wohlergehen eines anderen und nicht übergroße Fürsorge. Ich meine nicht, daß wir eine natürliche Ängstlichkeit fördern sollen. Insbesondere verstehe ich darunter keine Machtausübung, gleich, ob auf physische, geistige, moralische oder spirituelle Weise. Macht ist eines unserer verdächtigsten und verborgensten Motive. Es ist leicht, Macht zum Besten eines anderen auszuüben und sich selbst von dem Aufschwung tragen zu lassen, den das verleiht.

Macht ist die giftigste aller falschen Einstellungen, die wir einnehmen können, und Angst die nutzloseste. Unser ängstliches Sorgen hilft niemandem und ist eine destruktive, eitle Phantasie. Wir hüllen die Person, die wir schützen wollen, in einen Nebel der Angst ein, der ihre Möglichkeiten des Denkens und Handelns unklar und verschwommen macht. Und vielleicht bringen wir auf diese Weise über ihn das Unheil, das wir verhindern wollten. Tief mit jemandem verbunden zu sein heißt ihn im Herzen tragen, nicht eigenes Wünschen und Wollen auf seine Zielsetzungen zu übertragen, sondern in die Sinnhaftigkeit des Lebens und in die Notwendigkeit zu vertrauen, daß dieser Mensch seine eigene, unbekannte Bestimmung erfüllen muß.

Verbundensein ist ein Freilassen mit der Bereitschaft zu helfen, wenn darum gebeten wird, und ist ein Wissen, daß das Am-eigenen-Faden-Sein den Boden für den rechten Ausgang vorbereitet. Verbundensein hält die Wege frei zwischen dem Seienden und dem Werdenden und bläst die Nebel zwischen unserer verworrenen Existenz und dem Sinn des Lebens davon.

Das heißt Verbundensein. Es ist nicht leicht zu wissen, wer oder was Anspruch auf mein Verbundensein hat. Wir alle stehen diesem Problem fast täglich gegenüber. Die Sache ist relativ einfach für einen Menschen, dessen Augen fest auf sein Ziel gerichtet sind, ein Buch zu schreiben, ein Bild zu malen, ein wissenschaftliches Problem zu lösen oder eine Karriere zu machen. Alles andere wird als unerheblich rücksichtslos beiseite gefegt, ungeachtet der Einengung seiner Welt.

Wer gewöhnlich auf der Ebene der ahnenden Wahrnehmung lebt, findet es schwierig, den Bereich seines Verbundenseins zu begrenzen. Weichherzige Frauen, die nicht nein sagen können, verschwenden ihre Energien an Leute, die keinerlei Bedeutung für sie haben, zum Nachteil der Menschen und der Angelegenheiten, die wirklich ihre Zuwendung brauchen, und das alles ohne jeden Nutzen für jene, an die sie sich verströmen.

Auch Männer, die geschäftlich gute Werke tun und einer großen Sache dienen, vernachlässigen ihre eigenen Familien; und junge Frauen, die mit warmer Bereitschaft ihre Sympathien unterschiedslos verschenken, bewirken Chaos und zerbrochene Ehen um sich herum. Sie haben keine schlechten Absichten, sie haben nur nicht zu unterscheiden gelernt, wem ihr Verbundensein wirklich gilt und wem nicht.

Ich kenne Menschen, die ständig auf der Suche nach einer neuen Erfahrung oder nach einer neuen Philosophie sind, die von einem Liebhaber zum nächsten wandern, durch alle psychologischen Schulen oder durch alle religiösen Sekten. Sie haben nicht gelernt, sich auf ihr eigenes Anliegen zu begrenzen. Sie suchen, und sie finden nicht.

Es gibt andererseits Menschen, die ihrer Umwelt gegenüber so offen sind, daß ein Spatzenzwitschern von persönlicher Bedeutung für sie ist. Sie haben ihre Grenzen verloren. Doch wer könnte behaupten, daß nicht alles auf dieser Welt miteinander in Verbindung steht?

Die meisten von uns sind irgendwo zwischen diesen Extremen angesiedelt, und jeder muß unterscheiden lernen, wem sein Verbundensein gilt und was sein Anliegen ist. Vielleicht ist ein zielgerichteter, engstirniger Mann, der alles übrige verwirft, auf dem rechten Wege, und Familie und Freunde müssen beiseite stehen, während er einsam durch den Raum eilt. Vielleicht ist sein enger Pfad ein schrecklicher Irrtum, und er gräbt sich sein eigenes Grab und delegiert an alle, die ihn lieben, die Rolle der ewig Trauernden.

Der spanische Philosoph Francisco Giner de los Rios pflegte seinen Studenten zu sagen: »Pflüge deine Furche tief, doch nicht so tief, daß du nicht mehr über den Rand hinaussehen kannst.« Für die meisten Menschen hat diese Aussage Gültigkeit, einige aber müssen wohl so tief pflügen, daß sie die Sicht des Horizontes und ihr Leben zu verlieren riskieren.

Die Frage, wo mein Verbundensein liegt, läßt sich nicht ein für alle Male beantworten, sie ändert sich. Sachte und unmerklich werden wir mit jedem Tage älter, und wir kommen dem Tod näher. Und wenn wir klug sind, bemerken wir, daß Verbundensein und Anliegen sich für uns ändern. Mit fortschreitendem Alter verlangen die inneren Forderungen, die zu Recht während der Jugend ruhten, unsere Hinwendung. Oft erfolgt auch eine Verschiebung des Verbundenseins von der Familie zur größeren Gruppe oder Gemeinde. Wenn die Fäden zweier Menschen sich berühren, ist für die Dauer dieses Kontaktes ihre Beziehung vital, wie unbequem und unkonventionell sie auch sei. Fäden können sich lebenslänglich umeinander schlingen, sie tun es nicht immer. Menschen, die nur deshalb aneinander hängenbleiben, weil sie dem Gesetz und der Konvention gehorchen, verlieren oft den Kontakt zum Faden, und ihr Leben verliert Sinn und Bedeutung für sie.

Ich möchte nicht mißverstanden werden. Ich schlage nicht vor, daß Schwierigkeiten und Differenzen zwischen Menschen als Trennungssignale gelesen werden sollen. Aneinander leiden kann Teil der Struktur sein, in der die Fäden fester miteinander verknüpft werden trotz scheinbaren Auseinanderstrebens. Es kann ein Vorspiel für neues Wachstum sein. Frauen, die geboren haben, wissen, daß es darauf ankommt, mit dem Schmerz zu gehen und ihm nicht zu widerstehen, wenn die Geburt nicht verzögert werden soll. Das gilt gleichermaßen für schmerzliches Erleben innerhalb einer Beziehung. Manche Menschen springen zu schnell auseinander, um den Schmerz zu vermeiden, und alles ist umsonst, die erneuerte Beziehung wird nie geboren.

Das Annehmen von Konflikt und Leiden ist ein wesentlicher Teil des Am-eigenen-Faden-Seins, während die absichtsvolle Suche nach dem Glück mit großer Sicherheit dazu führt, daß der Faden uns entgleitet.

Ich bin den vollen Kreis gegangen, und ich komme an den Ort meines Beginnens zurück. Wir bleiben mit dem eigenen vitalen Faden in Berührung, indem wir das Paradox leben, die Gegensätze zusammenhalten, und das befähigt uns, mit anderen verbunden zu sein ohne behindernde Verstrickung und ohne Machtausübung für vorgefaßte Zielvorstellungen. Der Weg, den der Regenmacher geht, geht dort entlang, wo wir den Zwängen unseres logischen Denkens widerstehen, ohne klar zu sehen, wo wir unseren Standort haben, wo wir zugleich das Haupt neigen und sagen: »Dein Wille geschehe, nicht meiner«, wo wir auf die Reaktionen unseres Körpers und auf das Verhalten der Welt uns gegenüber achtgeben; wo wir auf die inneren Stimmen hören und dem Rauschen des Windes lauschen, voll Unterscheidungsfähigkeit und Vertrauen.

Die ältere Frau

Man sollte meinen, es wäre leicht für mich, über die ältere Frau zu schreiben, weil ich selbst eine bin. Vielleicht ist es gerade deshalb schwierig. Wir sehen Situationen nur von außen klar, nicht, wenn wir uns in ihnen befinden und in ihnen leben. Die Lage erscheint ausweglos: Wenn ich keine ältere Frau mehr bin, werde ich auch nicht mehr schreiben können.

Es gibt offensichtlich zwei Gruppen von älteren Frauen: die Frau und Mutter auf der einen und die berufstätige Frau auf der anderen Seite. Heute vermischen sich die beiden Gruppen immer mehr miteinander. Mit der ersten Lebensform bin ich am besten vertraut.

Im Hinblick auf die Frau ist eines zu bedenken: Beim Mann steigt die Lebenskurve langsam und stetig bis zu einem Höhepunkt an Macht und Einfluß und sinkt in den späteren Jahren allmählich wieder ab. Die Lebenskurve der Frau folgt ungefähr dem Ablauf der Jahreszeiten. Im Frühling steht sie förmlich in Blüte, der folgende lange Sommer ist ein langsames Reifen, von dem wenig an der Frau selbst bemerkbar ist. Lebt sie das traditionelle Familienleben, so gibt sie allen Saft, der im Frühling so reichlich fließt, um ihre Kinder materiell, emotional und spirituell zu ernähren.

Plötzlich sind ihre Kinder erwachsen und ihrer eigenen Wege gegangen, und sie fühlt sich verlassen. Der Sinn ihres Lebens, bislang eindeutig und klar, für den sie mit jedem Herzschlag gelebt hat, ist ihr auf einmal verlorengegangen. Sie fühlt sich im flachen Schlamm gestrandet, der Fluß des Lebens strömt an ihr vorbei und trägt andere Schiffe, und sie hat keine Aufgabe mehr. Was nun?

Dreißig bis vierzig Jahre ihres Lebens liegen noch vor ihr, und niemand braucht sie. Auch der Ehemann hat sein Leben auf seine Laufbahn und seine Interessen zentriert, fern von ihr, während sie mit der wachsenden Familie beschäftigt war. Selbst wenn ihr Mann sie noch braucht, dann doch nicht so sehr, daß ihre nagende Leere gelindert wäre.

Was nun? Dieser Moment ist entscheidend im Leben einer jeden Frau und Mutter. Jetzt findet sie vielleicht die beinahe reifen

Früchte, dort, wo die frühen Blüten abfielen. Unvermutete Frucht, die unbemerkt während des Sommers gewachsen und gereift ist, hängt jetzt dort, zum Pflücken reif. Der Lebensherbst einer Frau ist weit reicher als der Frühling, wenn sie nur beizeiten die reifenden Früchte bemerkt und sie erntet, bevor sie fallen, faulen und verderben. Der folgende Winter wird nicht armselig und dürr sein, wenn die Ernte eingebracht ist, und der Rückzug des Saftes geht einem neuen Frühling voraus.

Bewußte, moderne Frauen wissen natürlich um diese Zusammenhänge. Sie bereiten sich auf den Herbst vor, lange bevor der trockene Sommer vergeht. Viele Frauen aber glauben immer noch, daß das Leben mit fünfzig vorüber sei und daß leidenschaftliche Liebe mit den Wechseljahren aufhöre. Dieser Unsinn sollte endlich ausgeräumt werden, er ist einfach nicht wahr.

Die Geschichte mag Ihnen bekannt sein: Ein junger Mann fragt seine Mutter, in welchem Alter Frauen das Interesse am sexuellen Verkehr verlieren. »Ich weiß es nicht«, antwortet sie, »frag Großmutter.« Er geht zur Großmutter und wiederholt seine Frage. »Wie soll ich das wissen?« erwidert sie unwirsch. »Vielleicht kann Urgroßmutter es dir sagen.« Das ist gar nicht so weit hergeholt.

Freilich verlieren einige Männer ihr sexuelles Interesse an Frauen, deren fruchtbare Phase zu Ende geht, zum Kummer ihrer Ehefrauen, die gerade zu dieser Zeit ein Wiederaufleben ihrer Sexualität erfahren. Diese Situation ist das Überbleibsel einer primitiven Lebensordnung, in der Sexualität nur im Dienst der Fortpflanzung erlaubt ist.

Seit dem Zeitalter der Troubadoure und der romantischen Liebe ist Sex mehr als Sex, und mit der Entwicklung und Verbreitung der Empfängnisverhütung hat eine neue Phase begonnen. Freilich kann Empfängnisverhütung zu Unverantwortlichkeit, Freizügigkeit und zu einer Abwertung der Sexualität führen. Das passiert auch. Und zugleich öffnet es die Tür zu einer unendlich erweiterten emotionalen Erfahrung, in der Sex aufhört, eine rein biologische Funktion zu sein, und ein in sich gültiger Ausdruck von Liebe wird. In diesem Zusammenhang sind Alter und mangelnde Fruchtbarkeit bedeutungslos.

Dieser kulturelle Fortschritt gibt der Menschheit eine Chance, die Spaltung zwischen Körper und Seele, von der Kirche jahrhundertelang gefordert, endlich zu heilen und die beiden wieder miteinander zu verschmelzen.

In dieser Entwicklung ist die ältere Frau tatsächlich im Vorteil. Sie braucht kein Verhütungsmittel, sie ist nicht länger im biologischen Netz gefangen, und manche Frau erfährt ihr tiefstes und bedeutsamstes Sexualleben mit Fünfzig. Zum erstenmal kann sie sich frei im Akt hingeben, frei von der Angst vor Empfängnis, die zuvor unter der Oberfläche lauerte, selbst wenn Verstand und Wissenschaft ihr versicherten, daß sie alle Vorkehrungen getroffen habe.

Mehr noch, viele Frauen haben eine Abneigung gegen Verhütungsmittel, die sie zwar mit dem Verstand akzeptieren, aber unschön finden. Einer tief weiblichen Moral sind sie völlig unannehmbar, das muß zu Hemmungen führen, solange sie benutzt werden müssen. Sobald eine Frau frei ist, ihren Körper für den Ausdruck eines tiefen Gefühls zu gebrauchen, und dieser Körper nicht länger dem unpersönlichen Drang der Natur nach neuem Leben folgen muß, kann sie ihre früheren Hemmungen hinter sich lassen und ihrer emotionalen Beziehung einen Ausdruck geben, der beglückender ist, als sie es sich je erträumte.

Ich möchte nicht mißverstanden werden. Es ist unnütz, überwältigende sexuelle Erfahrungen in irgendeinem Alter zu erwarten oder gar anzunehmen, daß sich so etwas unweigerlich ereignen müßte. Alle Annahmen über Sex sind unheilvoll, sie führen zu Enttäuschungen und gegenseitigen Vorhaltungen. Nach meiner Erfahrung verursachen die meisten Bücher über Sex mehr Schaden als Nutzen: Sie füllen uns die Köpfe mit Annahmen und Erwartungen, die unser Erleben blockieren. Was zählt, ist die eigene, persönliche Erfahrung, und die sollte nicht an Verallgemeinerungen gemessen werden. Die sogenannten statistisch normalen Männer und Frauen gibt es gar nicht, nur ein Narr vergleicht seine lebendige Erfahrung mit solchen Hirngespinsten.

Intensives sexuelles Vergnügen ist wie Glück. Es kommt nicht zu uns, wenn wir es suchen. Wenn eine Frau aufhört, krampfhaft die eigene sinnliche Befriedigung zu wollen, und einfach ihr Herz durch ihren Körper zu ihrem Manne sprechen läßt, erfährt sie, daß Leib und Seele eins sind.

So wichtig auch die vertiefte sexuelle Erfüllung sein mag, so ist sie doch nur ein kleiner Teil der reifen Herbstfrucht, auf die ich angespielt habe. Die Entlastung einer Frau vom Dienst an der Natur setzt eine gewaltige Energiemenge für anderes frei. Ein Mann ist mit fünfzig auf der Höhe seiner intellektuellen und beruflichen Macht. Eine Familienfrau gleichen Alters mag eine völlig neue Erregung spüren. Bisher verborgene Möglichkeiten tauchen vor ihren ungläubigen Augen auf.

Ich erinnere mich an eine Frau, die an einem Sommerabend auf dem Rasen vor ihrem Haus saß und ihre Familie unterhielt. Ideen sprudelten wie eine Flut aus ihr heraus, als sei ein Damm gebrochen, und sie hörte sich selbst mit Erstaunen und Vergnügen zu, so wie ihre Zuhörer. Sie strahlte Vitalität aus, und ich erinnere mich an ihre Worte: »Ich weiß nicht, was mit mir geschehen wird, aber irgend etwas wird geschehen, dessen bin ich sicher.« Ich als Beobachterin hatte das gleiche Gefühl. Zehn Jahre später war sie Schriftstellerin.

Der Ausdruck »Wechseljahre« trifft die Situation sehr genau. Die Menopause bedeutet nicht das Lebensende, sondern einen Richtungswechsel, nicht Totsein bei lebendigem Leib, sondern einen Wechsel der Lebensweise.

Wenn dieses Verständnis Allgemeingut wäre, würden sich viele Wechseljahreprobleme der Frauen auflösen. Hormonelle Umstellungen sind unvermeidlich; der gefürchtete neurotische Zustand aber wird durch die eigene Angst der Frau vor der geheimnisvollen Bedeutungsänderung ihres Lebens hervorgerufen. Nein, Wechseljahre meinen eine große Freisetzung an Energie für irgendeine neue Unternehmung in einer neuen Richtung.

Die Richtung, in die die freigesetzte Energie fließen kann, hängt völlig von der individuellen Eigenart der Frau und ihren Begabungen ab. Einige entwickeln ein verborgenes Talent wie Malen oder Schreiben. Freiwillige Hilfsdienste auf sozialem, politischem und kulturellem Feld werden von solchen Frauen getragen. Diese Tätigkeiten eignen sich freilich nur für die bewußte und extravertierte Frau. Unzählige andere finden keinen Ausweg. Sie leiden, denn Energie, die keinen Kanal findet, in den sie fließen kann, sickert in den Boden hinein und macht ihn zum Sumpf, in dem nur Ungeziefer gedeiht.

Frauen, die nicht mehr von ihren Familien gebraucht werden und keinen anderen Platz finden, an den sie sich verschenken können, versinken in Trägheit und werden schließlich krank. Die

Männer in den führenden Positionen unserer Gesellschaft haben diesen Vorgang noch kaum bemerkt. Die herbstliche Energie zahlloser älterer Frauen geht lautlos mit ihren Tränen durch den Küchenausguß verloren.

Der wahre Verlierer ist unsere Gesellschaft. Die Vergeudung ist eine doppelte, denn diese Frauen, die gesund, aktiv und produktiv hätten sein können, werden zu einer unnötigen Belastung für unser Gesundheitswesen, zudem vergiftet ihre Frustration die häusliche Atmosphäre. Sümpfe erzeugen Moskitos. Nicht kanalisierte, verschwendete Energien erzeugen Depressionen und Nörgeleien.

Teilzeitarbeit wäre eine Antwort auf dieses Problem, doch sie ist nicht leicht zu finden. Die Industrie scheint Bedenken zu haben, und die moderne Vorliebe für Diplome und Berechtigungsscheine verschließt manche Möglichkeit. Es hat sich noch immer nicht herumgesprochen, daß die Führung eines Haushalts eine wertvolle Erfahrung in Organisation und im Umgang mit Menschen verschiedenen Temperaments sein kann. Oft ist eine Familienmutter ein Experte in der schwierigen Kunst, sich um ein halbes Dutzend Dinge gleichzeitig zu kümmern, die auch auf anderem Gebiet von großem Nutzen sein kann.

Die Gesellschaft macht einen schweren Fehler, der älteren Frau kein Betätigungsfeld für ihre Energien anzubieten. Ihr wirkliches Problem ist jedoch herauszufinden, in welche Richtung ihre freigesetzte Libido fließen will. Libido ist wie Wasser, das sich immer seinen Weg sucht und stets bergab fließt.

Solange eine Frau ihre traditionelle Rolle erfüllt und Kinder aufzieht, wird sie vom Strom des Lebens getragen. Sie hat keine Alternative, sie geht mit dem Strom, auch wenn Kochen, Saubermachen und Säuglingspflege keine idealen Beschäftigungen für sie sind. Sie hat keine echte Wahl. Sie entwickelt sich, während die Familie wächst, und sie lernt, den Anforderungen gerecht zu werden, wenn sie auftauchen. Nach der Säuglingspflege kommen die Hilfe bei schwierigen Hausaufgaben und die Sorge für nahrhafte Mahlzeiten, die wachsenden Ansprüche auf allen Gebieten. Wenn all dies vorüber ist und der Fluß an ihr vorbeifließt, staut sich der eigene kleine Energiestrom der Frau auf. Wenn sie Glück hat, steigen die Wasser, bis der Druck stark genug wird, daß sie den Weg in ihren eigenen Kanal finden.

Diesen Kanal für ihre Energien zu finden ist ihre ureigenste

Sache. Während unser Erziehungssystem sein Bestes tut, die Aktivitäten der Frauen in die verschiedenen Zweige der Industrie und Wirtschaft zu lenken, gibt es doch ältere Frauen, die glücklich in den Status der Großmutter hinüberwechseln, weil ihnen die Kinder ihrer Kinder tatsächlich zum Mittelpunkt ihres Lebens werden.

Großmütter, die sich ihren Familien widmen, ohne gleich alles an sich zu reißen, sind ein Segen für jede Gemeinschaft, aber sie werden immer seltener. Sie sind eine vom Aussterben bedrohte Gattung wie unverheiratete Tanten, und die Hilfe, die beide früher selbstverständlich und mit Hingabe leisteten, muß nun häufig mit Geld erkauft werden. Das ist ein trauriger Ersatz.

Die moderne Entwicklung scheint in entgegengesetzter Richtung zu verlaufen. Viele Mütter warten mit Ungeduld darauf, daß ihre Kinder erwachsen werden und aus dem Haus gehen. Dann endlich fühlen sie sich frei, ihre berufliche Laufbahn weiterzuführen, die sie unter dem Druck der familiären Forderungen aufgegeben hatten. Diese Frauen stehen vor einem relativ kleinen Konflikt. Sie finden fast immer einen Ausweg, bevor das Problem wirklich akut wird. Während die Kinder heranwachsen, verbinden sie Teile des neuen Lebens mit dem alten, und wenn sie sich verlassen fühlen, ist das kein traumatisches Ereignis.

Mir liegen besonders jene Frauen am Herzen, die keine lebendige Zukunft vor sich sehen und keinen Bereich des Gebrauchtwerdens, in den sie sich hineingeben können. Besonders für sie gibt es Überraschungen und Entdeckungen. Für sie ist es unendlich notwendig herauszufinden, welche Anliegen und Bedürfnisse wirklich zu ihnen gehören.

Ich habe über Anliegen im Kapitel über den Regenmacher gesprochen, und ich will mich hier nicht wiederholen. Das wesentliche Anliegen für die Frau ist fast immer der geliebte Mensch oder die Menschen, die sie liebt. Das gilt für ihr ganzes Leben, das ist das essentielle Element ihrer Natur. Solange sie sich selbst treu ist, ist Liebe ihre treibende Kraft. Liebe und der Dienst an den geliebten Menschen. Ich meine eine ganz persönliche Liebe, nicht die Liebe für eine große Sache oder für das Vaterland. Das gilt für alle Frauen, auch wenn es nicht offensichtlich ist. Wir alle verbergen gern und sorgfältig die Quelle unserer Kraft. Noch jede Frau, die mir begegnet ist, wußte in ihrem Herzen, daß die Liebe ihr Hauptanliegen ist und daß das Geheimnis ihres Erfolgs – auf jeglichem Gebiet – in ihrer persönlichen Liebe im Hintergrund besteht.

Männer können sich wirklich an eine Sache hingeben, mit ganzem Herzen dafür arbeiten und sich dafür begeistern. Frauen können das nicht, sofern ihr männliches Element nicht sehr groß ist. Wenn man zu ihren Geheimnissen Zugang hat, findet man unter ihrer anscheinend unpersönlichen Begeisterung eine persönliche Liebe, durch die sie sich ganz fühlen und die ihnen die Energie zum Handeln gibt.

Die Schülerin arbeitet doppelt so gern für den geliebten Lehrer. Auch die Frau im Beruf hat einen Menschen, auf den sich ihre Zuneigung konzentriert, am Arbeitsplatz oder außerhalb. Vielleicht gibt es einen Liebhaber im Hintergrund oder Kinder, für die sie verdienen muß.

Überall begegnet mir die Tatsache, daß eine Frau jemanden braucht, *für* den sie Dinge tun kann, auch wenn einem Außenstehenden keine Beziehung zwischen dem geliebten Menschen und ihrer Tätigkeit sichtbar ist. Wir alle wissen, wie schwer es einer Frau fällt, auch nur eine Mahlzeit für sich zu kochen. Da macht sie sich keine Mühe, ein Stück Brot und Käse sind genug. Für einen anderen aber kocht sie mit Vergnügen die ausgesuchtesten Gerichte. Das gilt weithin. Die Arbeit gewinnt für eine Frau eine andere Qualität, wenn es ihr gelingt, sie in Beziehung zu ihrer Liebe zu setzen, gleich, ob sie Hilfsarbeiterin oder beruflich hochqualifiziert ist. Ich habe mit Frauen gesprochen, die Künstlerinnen sind, Malerinnen, Sängerinnen, Schauspielerinnen. Sie stimmen darin überein, daß Kunst an sich nicht genug ist. Der Hingabe an ihre Kunst liegt ein Mensch zugrunde, den sie lieben und für den sie ihre Kunst vervollkommnen. Auch die Nonne, ein extremes Beispiel für selbstlose Hingabe, ist eingeschlossen in eine sehr persönliche Liebe zu Christus. Ich vermute, daß Männer eher mehr sachbezogen und zielorientiert sind.

Das Bedürfnis, jemanden zu haben und Dinge für ihn zu tun, zeigt sich manchmal auf seltsame Weise. Ich erinnere mich an eine Frau, der Blindheit drohte, die nur durch eine Operation abgewendet werden konnte. Sie hatte nie etwas von Operationen gehalten, und der Gedanke an eine Augenoperation war ihr unerträglich. Sie wütete innerlich über die Einmischung der Ärzte. Warum erlaubte man ihr nicht, in Frieden zu erblinden? Plötzlich begriff sie, was sie ihren Kindern und Enkelkindern antun würde, wenn sie blind würde. Eine blinde alte Großmutter wollte sie ihnen nicht zumuten. Ihre Qual war beendet. Ohne weitere Bedenken ging sie ins Krankenhaus. Sie hatte jemanden gefunden, *für* den sie die Operation über sich ergehen lassen konnte.

Diese Neigung, Dinge nur für einen geliebten anderen tun zu können, macht es für eine Frau schwierig herauszufinden, was sie für sich selbst wirklich will. Oft unterstellen Männer ihr mangelnde Eigeninitiative und Heuchelei, wenn sie auf die Frage, was sie denn wolle, antwortet: »Was immer du willst.« Sie meint, daß es wirklich ihr Wunsch ist, das zu tun, was er sich wünscht. Es kommt ihr gar nicht in den Sinn, eigene Vorlieben zu haben. Selbst wenn sie gerne tanzen will, macht ihr das Tanzen wenig Vergnügen, wenn sie weiß, daß ihr Liebster derweil lieber ein Fußballspiel sähe. Diese Bereitschaft zur Anpassung ist ohne Verdienst und nicht selbstlos. So macht es eine Frau, so funktioniert sie. Vielleicht beschreibe ich meine Generation. Es ist möglich, daß die Frauen der neuen Generation sich selbst besser kennen, entschiedener sind und ihre Beziehung zum Mann anders gestalten. Es bleibt offen, ob diese Veränderung sich positiv oder unheilvoll auswirken wird, vielleicht beides.

Genau an dieser Stelle aber liegt das Dilemma der älteren Frau. Wenn niemand, den sie liebt, ihre Dienste braucht, dann hat sie niemanden, für den sie etwas tun kann. Das bedeutet für sie, daß sie nicht weiß, wofür sie lebt. Sie findet sich in einer völlig neuen Situation wieder: Sie steht vor der Aufgabe, ihre eigenen Wünsche und Vorlieben zu entdecken sowie die mögliche Richtung, in die ihre Energie zu fließen bereit ist, die nicht mehr von dem magnetischen Brennpunkt der Liebe angezogen wird. Manchmal verändert eine Witwe nach dem Tod ihres Mannes radikal die Gewohnheiten ihres Ehelebens. Das Ausmaß dieser Veränderung läßt Rückschlüsse auf das Maß der zuvor geübten Anpassung zu.

Das Zurückgehen und Sammeln der eigenen Vergangenheit und die Niederschrift in Gedichtform oder Prosa können heilende Wirkungen haben. Ich glaube, daß wir viele Male in die eigene Vergangenheit zurückkehren müssen, um alle losen Fäden dort aufzuheben, wo wir sie einmal sorglos und unaufmerksam fallen ließen.

Besonders notwendig ist es, zurückzukehren und alle unvergossenen Tränen zu weinen. Wir können die ganze Trauer um unsere vielen Verluste nicht zu der Zeit fühlen, in der wir sie erleiden, das wäre zu behindernd. Wenn wir unser ganzes Leben aber zu einem Ganzen sammeln wollen, darf kein Gefühl, das zu uns gehört, ungelebt und ungefühlt bleiben.

Die Rückschau auf das eigene Leben befähigt uns, in den Ereignissen die ständige Wiederholung des immer gleichen Musters zu sehen, dem wir mit immer demselben Verhalten begegnen. Das führt unweigerlich zu der Einsicht, daß unser Leben in allen seinen Einzelheiten sinnvoll und folgerichtig gewesen ist, auch wenn uns unser Schicksal nicht gefällt. Wer immer in dieser Weise sein Leben sammelt und seine Geschichte schreibt, erfährt eine Bereicherung. Wenn Frauen diese Anstrengung nicht ihrer selbst wegen auf sich nehmen mögen, so können sie ihre äußere oder innere Geschichte als Vermächtnis für ihre Enkelkinder schreiben. Frauen ohne Enkel müssen einen anderen Menschen finden, für den sie die Mühe des Schreibens auf sich nehmen. Faszinierende Bilder vergangener Lebensformen stünden uns zur Verfügung, wenn solche Lebensberichte häufiger verfaßt würden. Jeder Mensch hat Material für mindestens ein Buch. Das Ziel sollte in meinen Augen jedoch nicht die Veröffentlichung sein. Schon jetzt werden zu viele mittelmäßige Bücher publiziert und auf den Markt geworfen.

Nein, das eigentliche Ziel ist Kreativität um ihrer selbst willen. Enkelkinder und andere Menschen sind lediglich ein Vorwand, den die alternde Frau braucht, um in Gang zu kommen und ihren kreativen Ausdruck zu finden.

Einmal begonnene Kreativität schreitet fort. Es gibt nichts Befriedigenderes für uns Menschen als kreatives Schaffen. Wenn die Alten von sich aus kreativ werden, sind sie nicht mehr verloren. Der Sinn liegt im kreativen Akt selbst. Jedes schöpferische Handeln vermehrt das kreative Potential in dieser Welt, und vielleicht hat das eine ähnliche Wirkung wie das Ritual des Atmens gen Osten bei jenen primitiven Stämmen, die glauben, daß ihr Atem der Sonne beim Aufsteigen hilft.

Mit zunehmendem Alter ändert sich die Richtung der Libido; diese Erfahrung macht die Familienfrau – sofern ihr äußere Aktivitäten Zeit lassen – oft früher als Männer und berufstätige Frauen. Alle aber erfahren diesen Wechsel, früher oder später: Irgendwann verlieren die äußeren Dinge ihre Faszination, und die innere Welt verlangt Beachtung. Diese Forderung ist so mächtig, daß die Alten, die sich verzweifelt an die äußeren Werte klammern und sich weigern, den Blick nach innen zu wenden, häufig krank werden. Krankheit oder ein Unfall zwingen sie dann, sich auszuruhen und nach außen hin inaktiv zu sein, und so wird ihnen die Gelegenheit zuteil, die sie sich aus freien Stücken nicht nehmen wollten, nämlich nachzudenken und die Dinge in sich zu bewegen und Wachstumsschritte in eine unbekannte innere Welt hinein zu tun.

In jedem Lebensalter sollten Krankheiten nicht nur als ein notwendiges Übel betrachtet und behandelt werden, sondern auch als eine Wachstumsmöglichkeit in bisher unbekanntes Gebiet. Das gilt für die Alternden in besonderem Maße.

Die Alten sind nicht mehr verloren, wenn sie für sich selbst kreativ werden können; unerläßlich aber ist für den älteren Menschen eine positive Einstellung zum Tod. Die Jungen können den Tod ungestraft vergessen, die Alten nicht. Glücklich sind die Gläubigen, die die Gewißheit fühlen, daß sie mit dem Tod nicht ausgelöscht werden, und die einem neuen Beginn in einer anderen Dimension und an einem anderen Ort entgegensehen. Doch wie die Liebe widerfährt Glaube den Menschen als Gnade. Denken und Streben bringen ihn nicht herbei, obwohl, paradoxerweise, auch unser Streben notwendig ist. Uns wird im Leben mit demselben Maß gegeben, mit dem wir selbst geben, und unsere grundlegenden Einstellungen brauchen unser unaufhörliches Bemühen. Ob ein geistiger Same wie der Glaube jedoch in uns aufgeht, liegt außerhalb unserer Einfluß- und Kontrollmöglichkeiten und geschieht, wenn es geschehen soll.

Ich frage jene, denen ein solcher Glaube versagt ist, ob nicht die Menschen, die sich ganz dem Leben hingegeben haben, den Tod am ehesten akzeptieren?

Ich denke an einen mächtigen Industriellen, der über riesige Gelände und Gebäude, über zahllose Geschäftsabläufe und Tausende von Beschäftigten bestimmt. Sein Leben ist einseitig auf materiellen Gewinn ausgerichtet; alle Schätze der geistigen Welt und alle Wärme menschlicher Beziehungen entgehen ihm, und er hat nie voll gelebt.

Auf der anderen Seite sehe ich spanische Bettler auf den Stufen der Kathedrale sitzen, sie schauen den Vorübergehenden nach und empfangen gelegentlich Almosen – als ihr gutes Recht – mit einem würdevollen und gleichmütigen »Gott segne dich«. Dem Bettler sind die alltäglich wiederkehrenden Gesichter vertraut wie die Steinbilder der Heiligen und die Wasserspeier hinter ihm, wie das Stundengeläut und der Chorgesang. Was für eine Umgebung zum Verweilen, Betrachten und Meditieren! Lebt der Bettler sein Leben ganz? Ich weiß es nicht, doch Unamuno, der große spanische Dichter, dem der interessanteste Philosoph unter den Bettlern begegnete, ist dessen völlig sicher.

Ich werbe nicht für ein Bettlerleben, in meinen Augen entscheiden weder Betteln noch äußerer Erfolg über die Lebensqualität. Dafür gibt es keine allgemein gültigen Maßstäbe, auch nicht für das Überwinden der Hindernisse, für das Ringen mit dem Engel und für das Hinauswachsen aus dem Leiden.

Wenn es keinen Maßstab gibt, an dem wir andere messen dürfen, so gibt es doch einen für uns selbst: nämlich die eigene Fähigkeit, sich ganz zu verwirklichen und ein so vollständiger Mensch zu werden, wie er in uns angelegt ist. Unter anderem bedeutet das, möglichst viel Bewußtsein zu entwickeln, um die verborgenen inneren Talente zu entdecken und zu entfalten und um das eigene innere Wissen zu realisieren.

Diese Aufgabe ist für Menschen mit vielen verschiedenen Anlagen besonders schwierig. Wir haben nur eine bestimmte Menge psychischer Energie, und unser Leben lang müssen wir uns für den einen Weg, den wir gehen, entscheiden und auf alle faszinierenden Pfade in andere Richtungen verzichten. Unsere menschliche Entwicklung gelingt, wenn wir unseren Weg richtig wählen und dem gewählten Pfad mit Ausdauer folgen. Doch ebenso wichtig ist Beweglichkeit. Wer einen Fehler gemacht und den falschen Weg für sich gewählt hat – und wir alle machen Fehler –, der muß seine Schritte zurückverfolgen und neu beginnen. Es verlangt Mut umzukehren, und wir dürfen es nicht mit einer oberflächlichen, eitlen Laune verwechseln. Viele Menschen folgen ihrem Lebensfaden zu einem unsichtbaren Ziel. Wir sind nicht imstande, den Wert ihres Weiterkommens zu beurteilen.

Bewußtsein an sich ist kein Ziel. Es gibt hochbewußte Menschen, deren Charakter davon völlig unbeeinflußt bleibt. Bewußtsein als solches ist nicht genug. Wir können aber keine Anlage entwickeln, von deren Vorhandensein wir nichts wissen, und in diesem Sinne können wir auf Bewußtsein nicht verzichten. Viele

Menschen erlauben nur einem kleinen Teil von sich, zu blühen, weil sie von ihren verborgenen Talenten nichts wissen. Erst wenn wir den einzelnen Zweig gesehen haben, der durch sein ungezügeltes Wachstum die Harmonie und Schönheit des ganzen Baumes stört, können wir ihn zurückschneiden. Vielleicht muß er auch geopfert werden, weil er das Wachstum anderer Pflanzen behindert.

Die Psyche ist einem Garten ähnlich. Die Art des Gartens ist durch seine Lage und durch die Bodenbeschaffenheit festgelegt. Viel hängt vom Klima ab. Grüner Rasen gedeiht in England. In weiten Teilen Spaniens kommt das Aussäen eines Rasens einem Geschenk an den Wind gleich, denn die Saat wird buchstäblich davongeweht.

Klima und Bodenbeschaffenheit sind unveränderliche Größen. Sie sind die Bedingungen, die uns gegeben wurden, damit wir das Beste daraus machen, und diese Aufgabe ist für manche Menschen und Gärtner unendlich schwieriger und härter als für andere. Die Hänge der durstigen Hügel in Spanien bezeugen die unermüdliche Anstrengung der Menschen. Jedes Stückchen Erde ist in kleine Steinwälle eingefaßt, damit auch nicht ein Tropfen des kostbaren Regens ungenutzt davonfließt, sondern Weinstöcke und Olivenbäume tränkt.

Alle Achtung gebührt solchen Gärtnern. Andere wohnen in gemäßigten Klimazonen, und die Aufgabe ist nicht so schwer. Jeder Gärtner aber weiß, daß ständige Wachsamkeit nötig ist, um einen Garten zu behüten und zu pflegen. Immer wieder wächst Unkraut nach.

Ähnlich ist das mit unserer Psyche. Aus vernachlässigten Nachbargärten können Unkraut und Ungeziefer eindringen, sich ausbreiten und die Gesundheit des eigenen bedrohen. Wir sind es uns selbst und unseren Nachbarn schuldig, den eigenen Garten und die eigene Psyche von Unkraut und Ungeziefer frei zu halten. Gärten können unendlich verschieden sein, einige sind ziemlich formal und korrekt, andere haben wildbelassene Ecken. Ein Garten ohne jegliche Form und Ordnung aber ist eine Wildnis und kein Garten.

Eine völlig verwilderte Psyche endet im Obdachlosenheim oder belastet die Familie – sie ist wie ein Garten – mit unguten Ausdünstungen. Den wohlgepflegten, streng konventionellen Gärten fehlt oft die individuelle Note, sie entsprechen der Psyche des Massenmenschen, und die Vororte sind voll von beiden. Der sorgsam gehegte Garten, dessen Atmosphäre den Charakter seines Eigentümers vermittelt und keinem anderen völlig gleicht, ist wie die Psyche eines individuellen, reifen Menschen, er duftet weithin nach Rosen, Geißblatt und wildem Thymian.

Ohne Erde können Gärtner nichts zum Wachstum bringen; die lieblichsten Blumen gedeihen auf gut gedüngter, schwarzer Materie. Mist wäre hier am falschen Platz. In einem Blumenbeet gut untergegraben, ist er am rechten Ort und kein Dreck, sondern die Grundlage für reiches Blühen. Ähnlich ist ein reiches Gefühlsleben zur rechten Zeit unerläßlich für ein Weisewerden im hohen Alter. Blumen und Weisheit sind nie auf dem Boden hygienisch weißer Kacheln gediehen.

Dem älteren Menschen ist es Bedürfnis und Pflicht, den Garten der Psyche zu hegen. Die Jungen sind gewöhnlich zu sehr von ihrem Alltag in Anspruch genommen: Studium, Arbeit, Karriere und die jungen Familien beanspruchen alle ihre Energien.

Vielleicht ist das gut so, denn eine zu frühe Beschäftigung mit der Psyche kann vergiftend für die Jungen sein. Es beraubt sie der notwendigen Spontaneität, die das Leben nötig hat. Echte Lebenserfahrung kann nicht durch Nachdenken über das Leben und durch das Aufspüren verborgener Motive ersetzt werden. Wer sich aller eventuellen Folgen ständig bewußt ist, hat keine Kraft für den Sprung. Während wir leben, riskieren wir uns und unser Leben wieder und wieder.

Die Menschen in der zweiten Lebenshälfte brauchen die Hinwendung nach innen. Sie brauchen das, weil sie nur dann zufrieden sterben können, wenn ihr Garten in gutem Zustand ist und wenn sie die Aufgabe erfüllt haben, der Mensch zu werden, der sie werden sollten. Diese Verpflichtung besteht zugleich auch gegenüber der Gesellschaft. Was ein Mensch in sich selbst ist, berührt alle, die in seiner Nähe leben. Ganze Nachbarschaften leiden unter alten, frustrierten, verbitterten Leuten, die nicht zu den Menschen geworden sind, zu denen sie angelegt waren.

Das Sein und das Tun eines Menschen müssen nicht übereinstimmen. Für viele ist der Handlungsspielraum eingeschränkt, niemand aber ist davon ausgeschlossen, sein Sein in aller Fülle zu erfahren. Und das Abenteuer, die eigene innere Welt zu entdecken, kann grenzenlos sein.

Alte Menschen brauchen die Hinwendung ihrer natürlichen Empfänglichkeit auf das Raunen der inneren Stimmen und das Bewegen der neuen Ideen, die ihnen in diesem Eingestimmtsein auf sich selbst kommen. Mrs. Moore aus dem Roman ›Auf der Suche nach Indien‹ von E. M. Forster tut genau dies, während sie sich völlig unerwartet aus dem Wirbel der äußeren Ereignisse zurückzieht. Die Einsichten der sehr Alten sind den Jüngeren oft verborgen. Erkenntnisse haben eine lange, ruhige Reifezeit in den alten Menschen, es bekommt ihnen nicht, vorzeitig ausgesprochen zu werden, ähnlich wie Setzlingen, die Schaden nehmen, wenn sie zu früh dem Sonnenlicht ausgesetzt werden.

Vielleicht steigen die Einsichten der sehr Alten nie bis zu einer Bewußtseinsebene auf, auf der sie in Worte gefaßt werden können. Dennoch sind sie unter der Oberfläche wirksam. Bewußt ist immer nur der kleinere Teil der Psyche. Vielleicht ereignet sich in den ganz Alten, die sich bereits vom Kontakt mit der Umwelt zurückgezogen haben, ein stilles Empfangen und Nähren von Einsichten, die sie auf die Begegnung mit der unbekannten Zukunft vorbereiten. Wir verstehen oft nicht, was sie hier noch hält. Vielleicht können sie noch nicht sterben, weil sie noch nicht bereit sind. Ich habe manchmal den Umgang der modernen Medizin mit den Alten als grausam empfunden. Sie werden am Leben gehalten, während sie Sehnsucht haben, daß wir sie gehen lassen. Doch die Sehnsucht, zu gehen, und die Bereitschaft, der anderen Seite zu begegnen, sind vielleicht nicht dasselbe. Ich bezweifle, ob die Ärzte einen Menschen am Leben halten können, wenn er wirklich für sein eigenes Sterben bereit ist.

Es ist ein Trugschluß anzunehmen, daß das Alleinsein der Alten unbedingt Einsamkeit bedeuten muß. Einige Alte fühlen sich in ihrem Alleinsein einsam. Andere bereiten sich in stiller Betrachtung absichtslos auf ihren kommenden Tod vor. Sie brauchen lange Stunden des Alleinseins, um ihr Leben von innen heraus abzurunden.

Victoria Sackville-West erzählt in ihrem bezaubernden Buch ›Erloschenes Feuer‹ von einer alten Dame, die nach einem langen gemeinsamen Leben ihren Ehemann verloren hat. Ihre Kinder besprechen in einem Familienrat, was mit der Mutter jetzt geschehen solle, und sie planen, daß sie reihum bei ihnen und ihren jungen Familien wohnen solle, damit für sie gesorgt sei und sie sich nicht einsam fühle.

Der Plan wird der alten Dame unterbreitet; sie bedankt sich höflich und lehnt zum Erstaunen ihrer Familie die gastliche Einladung mit Bestimmtheit ab. Langsam wird deutlich, daß sie sich seit Jahren nach einem kleinen Haus gesehnt hat, um allein mit ihren Gedanken darin zu wohnen. Wie durch ein Wunder hat sich jetzt eine Möglichkeit dafür gefunden, und die läßt sie sich nicht nehmen.

Zum Glück wußte diese alte Frau, was sie wollte; viele wissen das nicht. Viele Alte werden um ihr notwendiges Alleinsein betrogen. Sie bleiben dem äußeren Geschehen verhaftet, weil die Jungen sie mit viel zuviel falscher Fürsorge umgeben und sie nie merken, daß sie das Alleinsein brauchen. Wir sterben allein. Wir tun gut daran, uns an das Alleinsein vor dem Alter zu gewöhnen.

Das Alter ist die Zeit für die große Inventur, in der wir unsere Leistungen und Erfolge unseren Unterlassungen und Fehlern gegenüberstellen. Einige unserer Fehler sind abscheulich, doch das ist kein Grund, sich nicht mit ihnen zu konfrontieren. Einige wüßten wir gar nicht, wenn unsere Kinder uns nicht die schrecklichen Sachen erzählten, die wir ihnen angetan haben, damals ahnungslos, welch schlimme Auswirkungen unsere Ratschläge, unser Beispiel und unsere Verurteilungen auf sie haben würden.

Im allgemeinen werden die Alten zu stark abgeschirmt. Die nächste Generation hat Angst, ihnen wehzutun. Ich sage absichtlich »die nächste Generation«, denn die sehr Jungen beschützen die Alten selten übermäßig. Ihr vitales Engagement macht sie eher hart, und das ist weit gesünder. Die Menschen in den mittleren Jahren, oft selbst schon ältere Frauen, beschützen die sehr Alten zu sehr. Sie sollen jegliche Bequemlichkeit haben und nie alleingelassen werden. Oft werden sie so unvernünftig verwöhnt und in ihrer Launenhaftigkeit unterstützt, daß sie zu quengeligen Kindern werden. Unsere Abneigung, selbst fest und hart zu sein, führt eher zu falscher Freundlichkeit als zu echter Zuneigung. Außerdem ist es nicht unsere Verantwortung, den Alten alle Sorgen fernzuhalten. Kummer erschüttert sie weit weniger als die Jungen. Sie haben ihren eigenen Schutz gegen überwältigende Emotionen. Es ist nicht unsere Aufgabe, sie zu atmenden Fossilien zu machen.

Übermäßiges Behüten ist den Alten gegenüber nicht hilfreich, sondern grausam, denn es beraubt sie der Kraft weiterzuwachsen. Es ist unverzeihlich, die Rolle der Alten abzuwerten und zu belächeln; denn sie tragen Weisheit in sich, gleich, ob sie das formulieren können oder nicht. Oft haben sie intensiver als ihre Beschützer gelebt. Der älteren Frau, die Hochbetagte betreut, möchte ich sagen: »Paß auf, daß du nicht mehr Energie an die Alten gibst, als du dir wirklich leisten kannst. Vernachlässige dein eigenes Leben nicht!« Nachdenken und Urteilsfähigkeit sind notwendig, um ihnen Libido im rechten Maß und in der rechten Weise zu geben. Wer mehr gibt, als er abzweigen kann, wird bitter, und das hilft keinem.

Die Sorge für die sehr Alten ist ein schwieriges Problem, und jeder Fall verlangt eine gesonderte Betrachtung. Manche Familienfrauen finden in ihren alten Eltern einen guten Ersatz für die inzwischen erwachsenen Kinder. Manch kinderlose Frau macht den alten Menschen unversehens zu dem Kind, das sie nie hatte. Er wird in Watte gepackt, die abzuwerfen er nicht die Kraft hat. Er wird zum Opfer und nicht zum dankbaren Empfänger einer übertriebenen Fürsorglichkeit.

Und so beschließen sie ihre Tage in ungerechtfertigter Selbstzufriedenheit oder beleidigt, weil die Jungen ihnen nicht die Liebe angedeihen lassen, auf die sie einen Anspruch zu haben glauben. In der Liebe gelten Verdienste nicht. Größere Offenheit ist für alle Beteiligten von Vorteil. Manchmal freilich könnten die Jungen ihre Unverblümtheit mildern und sich daran erinnern, daß die Alten unter den damaligen Umständen ihr Bestes gegeben haben. Gezielte Bosheit gegenüber Kindern ist nach meiner Erfahrung selten. Die meisten Eltern handeln nach bestem Wissen, doch die nächste Generation findet das in der Regel falsch, und das zu Recht.

Die schwierigste Aufgabe auf dieser Erde ist Elternschaft. Zu wenig Verständnis hemmt die Entwicklung, zu viel Verständnis ist ein Gefängnis.

Noch alle Eltern, denen ich begegnete, haben ihren Kindern gegenüber grobe Schnitzer begangen. Die Kinderlosen haben es da besser: Die Fehlhandlungen in ihrem Leben haben weniger finstere Auswirkungen auf andere.

Ich halte es für wesentlich, daß Fehler ans Tageslicht gebracht werden. Wie sonst könnten sie vergeben werden? Wir brauchen

Vergebung; wir brauchen die Vergebung derer, an denen wir unsere Fehler begangen haben, und wir brauchen es ebensosehr, daß wir selbst uns unsere Fehler vergeben.

Der Prozeß des Vergebens hat nichts mit Selbstzufriedenheit gemeinsam, er verlangt als ersten Schritt ein voll bewußtes Eingestehen des Fehlers oder der Schuld. Sich selbst zu vergeben ist vielleicht die letzte, schwierige Aufgabe, die uns vor dem Sterben abverlangt wird.

Wer sich selbst vergeben kann, braucht auch andern nichts mehr nachzutragen, weder Groll noch Rache.

Vergebung ist wie Liebe, sie ist die Barmherzigkeit des Paulus. Sie ist nur Menschen zugänglich, die ganz und gar an ihrem eigenen Faden zu Gott sind.

Das kleine, isolierte Ich kann sich nicht selbst vergeben.

Und vielleicht findet eine alte Frau am Ende, wenn ihr Bemühen unablässig und das Schicksal mit ihr freundlich war, daß Liebe noch immer die Mitte und die Kraft ihres Lebens ist, so wie sie es immer war, nur daß die Bedeutung des Wortes über all die Jahre hin gewachsen ist.

Das Seelenbild der Frau

Der Entschluß, dieses Buch zu schreiben, kam mir spontan anläßlich einer Vorlesung von R. D. Scott über schizophrene Frauen. »Es ist, als ob sie keine Anima hätten«, sagte er an einer Stelle. In der Diskussion wurde die Frage aufgeworfen, ob eine Frau überhaupt eine Anima haben könne, weil das Konzept der Anima sich doch auf die männliche Psychologie beziehe, und Dr. Scott erwiderte, daß er nicht gewußt habe, wie er sie sonst nennen sollte. Ich schlug »Seele« als das gesuchte Wort vor, dem Scott ohne Zögern zustimmte.

Diese Diskussion machte mir die Verwirrung über diesen Gegenstand deutlich und die Notwendigkeit, diese Sache zu klären, und so entstand dieses Buch.

Ich setze als bekannt voraus, daß das Unbewußte des Mannes weiblich ist und von der Anima in der einen oder anderen Form dargestellt wird, und weiter, daß der Animus das Unbewußte der Frau personifiziert. Solange das Unbewußte als ein Ganzes betrachtet wird, reichen diese Vorstellungen aus; sobald wir die Gestalten aus dem Unbewußten differenzieren, wird erkennbar, daß die psychische Struktur der Frau nicht einfach die um hundertachtzig Grad gedrehte des Mannes ist.

Ihr Leben beginnt anders als seines, sie entstammt einem weiblichen Wesen, dem sie gleicht, und dieser grundlegende Unterschied bedingt völlig verschiedene Einstellungen.

Einem Mann werden in der Analyse verschiedene männliche Schatten und ein weiser alter Mann bewußt; die Anima aber, die seine Seele darstellt, bleibt immer weiblich.

Es stellt sich nun die Frage, ob für Frauen, wenn sie die anderen Gestalten im Unbewußten bemerken, eine männliche Figur weiterhin der Vertreter der innersten Seele bleibt? Ich bin davon überzeugt, daß dies nicht der Fall ist. Manche Frauen fühlen sich durch diese Vorstellung jedoch beunruhigt.

Ich bin allerdings der Meinung, daß eine Frau ihr Seelenbild erst finden kann, wenn sie eine gute Beziehung zu ihrem Animus hergestellt hat. Denn er als Fackelträger führt sie zu jenem innersten Winkel, in dem sich die Seele der Frau verborgen hält. Er ist der erste, dem die Frau auf ihrer Suche nach dem Seelenbild begegnet; wenn sie mit ihm als Lotsen weiter in das Unbekannte vordringt, entdeckt sie, daß er ihre Seele nicht vertritt.

In diesem Zusammenhang sprechen Träume manchmal vom Animus als dem Vater des Seelenbildes der Frau; ich bin auf mehrere Träume gestoßen, die den Gedanken nahelegen, daß der Animus der Vater dieses Bildes sei. Ich stelle einen dieser Träume vor, um zu verdeutlichen, um was es mir geht, auch wenn ich so mein Argument vorwegnehme.

Die Träumerin ist eine Frau über Fünfzig, die in einer langjährigen Analyse die Auswirkungen der eigenen inzestuösen Vater-Tocher-Beziehung auf das Unbewußte verarbeitet hat. Sie beschreibt diesen Traum als einen der aufregendsten, den sie je hatte. »Ich gehe in einem bescheidenen Haus die Treppe hinauf. Bei mir ist ein kleines Mädchen von zwölf Jahren, das so aussieht wie ich auf frühen Fotografien. Wir wissen, daß wir den Vater des Kindes im obersten Zimmer des Hauses besuchen. Ich weiß nicht, wer er ist, und die Spannung wächst mit jeder Treppenstufe. Wir erreichen die Tür der Mansarde, ich klopfe an und öffne behutsam. In der Mitte des leeren Zimmers kniet ein betender Mann auf dem Boden. Er ist mir wohlbekannt, ich habe mich oft mit ihm in der aktiven Imagination unterhalten, er ist mein kreativer Animus.«

In diesem Traum wird der kooperative, kreative Animus als der Vater des präadoleszenten Mädchens beschrieben; über einen Sohn, der vielleicht für das Unterfangen der Bewußtwerdung stehen könnte, hätte ich mich nicht so gewundert. Als Tochter dieses Vaters konnte das kleine Mädchen nicht die Kindheit der Träumerin darstellen. Mir ist bekannt, daß das Selbst manchmal in der Gestalt eines Kindes erscheint, niemals aber, daß der Animus sich als der Vater des Selbst ausgeben könnte. Wer anders konnte das kleine Mädchen sein als das ursprüngliche Seelenbild, vor seiner Überdeckung durch die männliche Erziehung? Bei diesem Gedanken fielen mir frühere Träume ein, in denen das gleiche Kind unerklärlicherweise erschienen war. Wenn es das Seelenbild war, paßten alle in eine Struktur, auch in eine sehr frühe, indem es wie ein schattenhaftes Relief mit ausgebreiteten Armen und angedeuteten Flügeln mehrere Meter über dem Boden erschienen war.

Die Gestalt des Seelenbildes wuchs nach ihrer Identifizierung heran, und heute erscheint sie als eine sehr feminine Frau ohne

Alter. Sie ähnelt der Träumerin nicht mehr, die für die Begegnung mit der Welt eine Persona kultivieren muß, die die Seelenfrau nicht braucht.

Bevor ich weitere Träume darstelle, halte ich eine Erklärung gewisser psychologischer Begriffe, mit denen wir oft sorglos umgehen, für angezeigt. Ich räume ein, daß die Zusammenhänge mir noch nicht völlig klar sind, ich stelle ein vorläufiges Ergebnis vor. Licht in die Verwirrung eines anderen Menschen zu bringen hilft manchmal bei der Klärung der eigenen Verwirrung. Ich nehme an, daß einige meiner Leser über diese Zusammenhänge so im unklaren sind, wie ich es war, und so schlage ich vor, meinem Weg durch die Wirrungen zu folgen.

Über lange Zeit beschäftigte und beunruhigte mich das Animuskonzept, und oft plagte mich der Verdacht, daß ein Animusproblem zu haben ähnlich schlimm sei, wie von einer abstoßenden Krankheit befallen zu sein.

Zu jener Zeit war ich der festen Überzeugung, daß eine Frau alles Fokussieren und Analysieren mit Hilfe ihres Animus durchführt. Der Animus studiert und macht Karriere, er befähigt sie, zu analysieren und zu unterscheiden, und er macht sie auf die kollektiven Meinungen unseres Kulturkreises aufmerksam. Er schien mir solange hilfreich und positiv zu sein, wie die Frau ihn sorgfältig darüber informiert, wo sie gefühlsmäßig steht, und er schien negativ zu werden, wenn sie dies versäumt. Er hat keine andere Wahl, wenn ihm die wesentlichen Daten über ihre Gefühle nicht zur Verfügung stehen: Er muß ihr Verallgemeinerungen erzählen, die für die lebendige Situation bedeutungslos sind. Bedeutungslosigkeit ist ein untrügliches Kennzeichen für eine negative Animusaussage.

So sah ich damals den Animus als die fokussierende Macht einer Frau, gleich, ob der äußeren oder der inneren Welt zugewandt. Zugleich sah ich die Frauen von einer unheimlich starken Lebenskraft getrieben, manchmal in Übereinstimmung mit ihrer eigenen Natur, oft aber gegen ihren Willen, als Opfer in Abläufe und Verwicklungen gezwungen.

Sehr allmählich dämmerte es mir, daß in meinem Bild von der Frau, einerseits angetrieben von der Lebenskraft, andererseits völlig auf den Animus für alles Unterscheiden und Fokussieren angewiesen, fast kein Raum für das Ich der Frau blieb. Ich entledigte mich dieser Schwierigkeit durch die Annahme, daß ihr Ich wähle und den drängenden unpersönlichen Kräften sagen könne: »Ja, das mache ich mit«, oder: »Nein, dahin lasse ich mich nicht treiben, das akzeptiere ich nicht, diese Meinung übernehme ich nicht«.

Eine Weile kam ich mit der Annahme zurecht, bis schließlich das der Frau zugestandene Ego einfach zu dünn zu sein schien, um auf die vielen jungen Frauen zu passen, mit denen ich sprach, die zweifellos zuverlässige, starke Ichs besaßen von weit mehr Substanz als mein magerer »Wähler«.

Eines Tages begriff ich mit einer gewissen Erschütterung, daß das Ding, das ich »Ich« nannte, keineswegs wählte, sondern etwas sehr Tiefes, schwer Faßliches war. Ich erlebte, daß ich mich mit einer Frauengestalt identifizierte, die wiederholt in meinen Träumen aufgetaucht war, nie weit entfernt vom Selbst, doch von ihm unterschieden.

Allen Animuswarnungen zum Trotz verließ mich der Gedanke nicht, daß eine Identifizierung mit der Seele gefährlich inflationär sei. Ich begann zu beobachten, daß Frauen wirklich mit ihrer Seele identifiziert sind. Ich hatte es schon früher gehört, Philip Metman sagte: »Frau ist Seele«, und Emma Jung und Barbara Hannah hatten die gleiche Aussage gemacht, die ich nun annehmen konnte.

Allmählich stellte ich fest, daß die befürchtete Inflation ausblieb. Jeder Mensch wird mit einer Seele geboren. Frauen bleiben der ursprünglichen Struktur stärker verbunden, sie werden weniger leicht durch die Entwicklung des Intellekts von ihrer Seele getrennt, und sie bleiben mit ihr identifiziert. Eva Metman meint, daß Mädchen in Berührung mit dem Selbst bleiben, auf eine Weise, wie es Jungen nicht möglich ist, und sie sagt damit dasselbe. Eine Identifikation mit dem Selbst wäre sicherlich inflationär. Zu erfahren, daß ich die Seele bin, die meinen Körper bewohnt, bedeutet für mich, zu wissen, wer ich bin. Diese Erfahrung ist Frauen leichter zugänglich als Männern.

Die Natur meines »Ich« war mir noch immer ein Geheimnis, doch ich wußte, daß das Ding, das meine Zunge benutzt, um sich mit der inneren und der äußeren Welt zu verständigen, und das dauernd »ich« sagt, dem Animus jederzeit ungestraft widerspricht, die Seele aber nur unter großer eigener Gefährdung verleugnet. So drängte sich mir die Schlußfolgerung auf, daß die Seele der wesentliche Kern und das Ich ihr Mundstück sei. Dem Ego bleibt dabei die Wahl: Es kann sich für oder gegen die Rolle entscheiden, das Mundstück der Seele zu sein, es kann wählen, in Übereinstimmung mit dem Selbst zu handeln oder nicht.

Zu einer weiteren Klärung verhalf mir Erich Neumann. In ›Ursprung des Bewußtseins‹ beschreibt er die Entwicklung des männlichen Ego aus der weiblichen Matrix des Unbewußten. In seinem Aufsatz ›Über den Mond und das matriarchale Bewußtsein‹ sagt er, daß das Ich in Mann und Frau immer männlich sei und daß es außerdem eine Schicht »beobachtenden Bewußtseins« weiblichen Charakters gäbe, auch in Männern, das nicht mit dem Unbewußten verwechselt werden dürfe. Ich nannte es »ahnende Wahrnehmung«.

Neumanns Gedanke entlastete mich sehr. In meiner Vorstellung nahm der Animus zuviel Raum ein, und der Frau blieb kaum ein bewußtes Ego. Mit der Annahme des maskulinen Ego bei Männern und Frauen werden auch der Frau eigene Fähigkeiten des Analysierens und Unterscheidens zugesprochen, ohne die Vermittlung durch den Archetyp.

Dieses Bild stimmt mit meinem Eindruck von modernen Frauen überein. Die Vorstellung, sie seien nur mit Hilfe des Animus intelligente Wesen, hatte mich nie befriedigt.

Wenn das Ich bei Mann und Frau – nach Neumann – männlich ist, ist es nicht überraschend, daß die Seele bei beiden weiblich ist. Eine mich befriedigende Definition der »Seele« habe ich in der psychologischen Literatur nicht gefunden, auch nicht bei C. G. Jung oder in Victor Whites ›Soul and Psyche‹.

Ich verstehe unter »Seele« keine Haltung, die auf philosophischen und religiösen Ideen fußt, auch nicht die Beziehungsfunktion.

Erst bei den Dichtern fand ich Klarheit über den Begriff »Seele« für mich: Sie sprechen von den Augen als den Fenstern der unsterblichen Seele. Die Seele schaut durch die Augen hinaus, und wir schauen einem anderen tief in die Augen, um seiner Seele zu begegnen.

Die schizophrenen Patienten von Dr. Scott hatten leere Augen, da war keine Seele, die herausschaute. Sie waren total besetzt von Archetypen und anderen Teilaspekten der Psyche, sie hatten allen Kontakt mit der eigenen Seele verloren und wanderten verwirrt umher.

Ich erinnere an das Bild, das ich schon an früherer Stelle gebraucht habe: Ich sehe das Leben so, daß jeder Mensch durch einen unsichtbaren Faden mit Gott verbunden ist. Der Faden ist im Körper verankert, und er läuft weiter durch Herz und Kopf und unser geistiges Bemühen. Manchen Menschen, die sich an den eigenen Faden halten, erscheinen auch Engel und die Bilder des Selbst, die Vermittler zwischen Gott und Mensch, und in ihrer Nachbarschaft wohnt die individuelle Seele, die aus den Augen dieses Menschen schaut.

Am eigenen Faden zu sein und in Berührung mit dem Selbst zu stehen, das gibt unserem Leben Bedeutung. Wenn wir den Kontakt mit dem Lebensfaden verlieren, fühlen wir uns verlassen und verloren, und das Leben erscheint sinnlos. Jedem kann das in gewissem Ausmaß gelegentlich geschehen, dem Schizophrenen aber ist der Faden völlig entglitten. Seine Seele findet keine Fenster, sie sind verschlossen und besetzt.

In diesem Kapitel grenze ich den Gebrauch des Wortes »Seele« ein auf die Bezeichnung des wesentlichen unsterblichen Teils eines Menschen von Geburt an. Dieses unsterbliche Wesentliche schaut aus den Augen eines Säuglings bei seinem ersten Sehen und Lächeln. Es begrüßt uns in den Augen eines kleinen Kindes. Ich stelle mich hier nicht der Frage nach der Unsterblichkeit der Seele. Der größere Teil der Menschheit hat sie immer als gegeben hingenommen. C. G. Jung erklärte in einem Fernsehinterview mit der BBC, daß für ihn das Überleben der Seele eine Sache tiefen Wissens, nicht des Glaubens sei, denn dem Menschen sei es nicht möglich, ein Leben ohne Bedeutung zu leben. Ich bin nur einer unter vielen Menschen, denen die eigene Erfahrung ein sicheres Gefühl darüber vermittelt hat, daß die Seele nach dem Tod weiterlebt.

Doch ich gehe in diesem Kapitel nicht der Frage nach der Unsterblichkeit der Seele nach, sondern den Bildern, unter denen Frauen ihre Seele begegnet als eine der Gestalten aus dem Unbewußten.

Der Mann projiziert anfänglich das ganze Unbewußte auf eine Frau, oft auf die Mutter, und es dauert eine Weile, bis ihm auch männliche Gestalten begegnen, der Schatten und der weise alte Mann. Die eigenen Seelenqualitäten sind für ihn weiterhin im Bild einer Frau, der Anima, enthalten, und in diesem Zusammenhang ist es unerheblich, ob er die Anima auf eine Frau seiner Umgebung projiziert oder nicht. Ähnlich bei der Frau: Das Unbewußte verdichtet sich zunächst zu einer männlichen Gestalt, und mit zunehmender Differenzierung erscheint zumindest bei einigen Frauen das Seelenbild als eine weibliche Figur.

Wir können, so denke ich, mit Hilfe dieser Zusammenhänge eine alltägliche Beobachtung besser verstehen, warum nämlich Männer im allgemeinen die Animusprojektion einer Frau ablehnen, während Frauen die männliche Projektion der Anima gern und mühelos tragen (solange sie nicht arg verunreinigt von den äußeren Eigenschaften der Schwiegermutter ist). Der Mann hingegen ist verärgert und irritiert. Was sollte er auch dagegen haben, der Träger des Logos zu sein? Die Erfahrung zeigt, wie bereit Männer sind, eine Rolle der Autorität und Kapazität zu übernehmen. Außer der Projektion des Animus auf ihn scheint die Frau auch die Wiederspiegelung ihrer Seele von ihm zu erwarten, aber das kann er nicht leisten, weil er nicht genügend mit seiner eigenen Seele identifiziert ist. Eine Frau kann seine Seele für ihn tragen, bis er sie zu sich hineinnehmen kann, weil die verschwommene, unsterbliche Qualität der Seele ein wesentlicher Teil ihrer Natur ist. Die Projektion ihrer Seele auf ihn, mit der sie doch identifiziert ist, ist eine Verwirrung ihrerseits und gehört einfach nicht in den gegenseitigen Projektionsaustausch im Rahmen der Beziehung.

Es wäre gleichsam so, als ob einer Frau der eigene Körper so unbewußt wäre, daß sie ihre Brüste am Mann suchte und sich dann wunderte, daß er ihre Suche verärgert zurückwiese. Wenn ein Mann eine Frau liebt, ist ihm oft nicht bewußt, daß er seine Seele in ihr sucht, obwohl das wahrscheinlich so ist; eine Frau aber ist äußerst unglücklich über eine leibliche Vereinigung, der der seelische Bezug zu fehlen scheint. Sie ist verzweifelt, denn sie nimmt nicht wahr, daß der Mann ihre Seele ja gar nicht verfehlen kann, wenn er ihrem Körper begegnet, weil Körper und Seele bei ihr untrennbar eins sind. Sobald Frauen imstande sind, über diese Sache nachzudenken, erkennen sie die eigenen seelischen Qualitäten zweifellos, und das bringt mich zu meinem Ausgangspunkt zurück: Frauen können erst dann eine Sache scharf fokussieren, klar sehen und in ihrer Bedeutung erfassen, wenn sie ihre maskuline Seite entwickelt haben; das ist die unerläßliche Voraussetzung für die Bewußtwerdung der inneren Seelenbilder.

Auch die unbewußte Identifikation einer Frau mit ihrer Seele kann es ihrem Mann ermöglichen, seine Seele zu finden, und ihr selbst das Gefühl des Vereinigtseins mit ihm geben, doch das ist weit entfernt vom bewußten Wissen um die eigenen Seelenqualitäten. Sie sieht im Mann den Hüter ihrer Seele, was ihn oft ungeduldig erklären läßt, sie lese mehr in die Beziehung hinein, als da sei, und sie fühlt sich traurig und herabgesetzt. Sobald eine Frau erkennt, daß sie ihr unsterbliches Wesen nicht in einem Mann zu suchen braucht, weil es doch in sie selbst eingebettet ist und ihren Körper durchdringt, verschwindet diese beiderseitige Gereiztheit. Vielleicht kann sie jetzt über ihre Annahme lachen, der Mann habe nur seelenlosen Sex gewollt, und zugleich entlastet sie ihn von einer schwer erträglichen Projektion.

Ein Mann muß, um vollständig zu sein, das Bild seiner Seele in einer Frau finden und festhalten; eine Frau hingegen muß in Zusammenarbeit mit ihrem Animus und in harter Arbeit an sich selbst die Erfahrung machen, daß sie und ihre Seele eins sind.

Hier ein weiterer Traum, der die Vaterbeziehung des Animus zur Seele zeigt: »Auf einer Wiese laufen Kinder einem Mann entgegen und begrüßen ihn als Vater. Ihnen folgt ein kleines, feenhaftes Mädchen von sieben Jahren mit einem Gänseblümchenkranz im Haar, das ›Vater!‹ ruft.«

Die Träumerin war eine Frau von achtundfünfzig Jahren mit langer Analyseerfahrung und Erfahrung in aktiver Imagination, und dieses feine, kleine Mädchen war erst in der letzten Zeit in ihren Träumen aufgetaucht. In den Gänseblumen vereinigten sich für die Träumerin die Gegensätze lieblich, erdhaft, kindlich und sternförmig, gerade so wie das für ein Seelenbild mit einer Nähe zum Selbst zu erwarten ist.

Eine Begegnung der Gegensätze wurde auch in einer Traumzeichnung von einer fünfundvierzigjährigen Frau dargestellt. Sie malte eine große geflügelte Vase in einer leuchtenden Höhle unter der Erde. Die Vase endete unten in einer Spitze, nicht in einer Standfläche und wurde durch die spirituellen Flügel aufrechtgehalten. Im Dunkeln der Erde aber leuchtete der Geist, und die Frau wußte im Traum, daß diese Vase ein Bild ihrer Seele war.

Eine andere Frau um die Fünfzig träumte: Sie ist zu Fuß unterwegs auf einer wichtigen und schwierigen Reise. Der Pfad ist steil und steinig, und ihr bläst ein starker Wind entgegen. Sie trägt einen weißen Nachtfalter, geschützt in der Höhlung ihrer beiden gewölbten Hände. Es ist ihr Anliegen, ihn vor Schaden zu bewahren. Sie hat Angst, sie könnte stolpern und seine Flügel verletzen oder ihn verlieren.

Die Träumerin fühlte sich eins mit dem Falter, und Toni Wolff erklärte ohne Zögern, daß der Falter die Seele der Frau darstelle. Der Traum warnt vor den Gefahren, die der Seele einer Frau ein Leben lang drohen, und vielleicht besonders in der Analyse: Sie kann bei einem falschen Schritt verlorengehen oder vom Wind des männlichen Geistes davongeblasen werden, wenn sie nicht sorgsam geschützt wird.

Das Überintellektualisieren in unserer westlichen Welt ist eine Gefahr für die Seele von Mann und Frau.

Viele Frauen träumen von Einbrechern und anderen schrecklichen Männern im Keller, und ich denke manchmal, daß diese Gestalten die Angst der Frau vor der Vergewaltigung darstellen, sowohl der Seele wie des Körpers.

Eine Frau von fünfundfünfzig Jahren träumte, daß sie allein in einem seltsamen Gefährt über eine weite Hochebene reiste. Sie fuhr an einer Kirche zu ihrer Rechten vorbei, die ihr ein warmes Gefühl des Wiedererkennens und der Freude gab. Die Kirche war sehr alt, ein niederes Gebäude aus gelbem Stein ohne Fenster.

In der Ferne lag eine andere Kirche mit zwei hohen Türmen, und sie wußte im Traum, daß das Manchester war. Das war ihr fremd und fern, doch sie hatte das Gefühl, daß sie diese Kirche eines Tages besuchen müsse. Sie kam zu einer dritten Kirche, dort stieg sie aus. Vor der großen Kirchentür standen viele Menschen und redeten. Sie wußte im Traum, daß sie Jungianer waren, und sie verstand nicht, worüber sie redeten und warum sie nicht in die Kirche hineingingen. Sie waren freundlich mit ihr, aber sie hielt sich nicht bei ihnen auf. Sie ging durch einen Torbogen in den Hügel hinein und durch viele gewundene Gänge und Treppen abwärts, bis sie schließlich in eine große Eingangshalle kam, die zu einem Landhaus gehörte. Ein großes Tor führte aus der Halle ins Freie, auf einer viel tieferen Ebene als die drei Kirchen, sie war ja die ganze Zeit abwärts gegangen.

Sie ging nicht hinaus, und dann fand sie sich, in einem Bett sitzend, in einem kleinen Warteraum neben der Halle. Im Raum waren zwei dunkle Schattengestalten. Während sie über die beiden nachdachte, schaute sie unwillkürlich durch die offene Tür in die

Eingangshalle, und sie sah eine Frau mit langen, dunklen Haaren in einem blauen Spitzenkleid die Treppe hinabschleichen, an der blauen Wand entlang. Offensichtlich versuchte sie, unentdeckt zu bleiben, denn sie schaute sich sorgsam um, ob auch niemand sie sähe, dann eilte sie durch die Halle in den Warteraum und stand neben den beiden Schatten am Fußende des Bettes, und die Träumerin erwachte.

Diese Frau arbeitete mittels der aktiven Imagination ausgiebig an diesem Traum, und später sprach sie mit Emma Jung darüber. Die niedere alte Kirche, die aus der Erde zu wachsen schien und der sie sich nah gefühlt hatte, stellte die Spiritualität der Erde dar. Die weibliche Erdhaftigkeit der Träumerin erkannte sie als etwas ihr Zugehöriges. Die zweitürmige Kirche in der Ferne repräsentierte die Spiritualität des Mannes, denn Manchester ist die Stadt des Mannes (city of man). Von ihr wußte sie fast nichts, sie hatte sie noch nicht besucht. Die Jungianer redeten draußen im Sonnenschein des Bewußtseins. In diesem Bild stellt sich ihr Zweifel dar, ob die Psychologie ihr die Antwort geben kann, die sie sucht. Sie blieb nicht bei ihnen stehen, sondern drang in den Hügel ein, in die weibliche Erde, und stieg tiefer und tiefer hinab bis zum Warteraum neben der großen Halle.

In der aktiven Imagination erwies die scheue Frau in Blau sich als ein Seelenbild, und die beiden Schatten waren die Gesandten des Todes. Auch in späteren Träumen fanden sich das Seelenbild und die Gesandten des Todes stets nahe beieinander. Die Seele als das unsterbliche Wesen des Menschen ist mit dem Tod vertraut. Vielleicht entsprechen die beiden Schatten auch den dunklen, bedrohlichen, destruktiven Aspekten der Seele, deren lichte Seite die Frau in Blau ist; die Gegensätze finden sich beieinander.

Es mag uns seltsam erscheinen, daß die Seele auch dunkel, negativ und destruktiv sein soll. Doch die unsterbliche Seele hat keine menschlichen Eigenschaften wie Freundlichkeit, Mut und Vergebung, die erwerben wir im Lauf unseres Mensch- und Sterblichseins. Die Seele ist unsterblich und nichtmenschlich. Wahrscheinlich sind Menschen, die sich weitgehend mit ihrer Seele identifizieren, als Lebensgefährten unerträglich und für verletzliche Menschen in ihrer Umwelt destruktiv.

Die Frau in Blau erschien der Träumerin in späteren Jahren wieder, oft in Begleitung einer anderen Gestalt, dem Selbst. Emma

Jung machte sie auf die besondere Bedeutung des Warteraumes aufmerksam. Die Weiblichkeit in einer Frau wartet. Auch wenn eine Frau nichts davon weiß, weil ihre männliche Seite aktiv leistungsbezogen und beschäftigt ist, so wartet doch der wesentliche Kern in ihr.

Das kleine Mädchen erwartet das Erwachsenwerden und füllt die Wartezeit mit allerlei Beschäftigungen und Studien aus, die für den Wachstumsprozeß ohne Bedeutung sind. Später warten die meisten Frauen bewußt auf das Kommen eines Liebhabers oder Ehemannes, auch wenn sie lautstark das Gegenteil verkünden. Als Frau kann eine Frau ihre Zukunft nicht planen. Eine berufliche Laufbahn läßt sich planen, als Frau wartet sie ab, was die Zukunft ihr bringt. Mit dem Auftauchen ihres Liebhabers aus dem Zeitennebel bestimmt sich der Ort, an dem sie wohnen wird. Ob das nah ihrer Heimat oder an ferner Küste ist, bestimmt für sie die Liebe, in die sie gewählt wurde. Vorhersagen oder planen läßt sich das nicht. So muß sie notwendigerweise warten, und bewußtere Frauen wissen, worauf sie warten.

Eine Frau wartet immer, ob sie schwanger wird, und dann wartet sie neun Monate lang, und sie weiß nicht, ob ihr Kind ein Sohn oder eine Tochter ist, hell oder dunkel, traurig oder heiter, schnell oder träge. Ähnlich ist es in geistig-intellektuellen Bereichen bei Männern und Frauen. Sofern intellektuelle Leistungen über mechanische Vollzüge hinausgehen, muß auf die Inspiration gewartet werden. In beiden Geschlechtern wartet das Weibliche, und das Männliche formt und formuliert.

Warten ist ein wesentlicher Teil der weiblichen Psychologie, heute wie zu Penelopes Zeiten. Penelope webt bei Tage und hört sich die werbenden Vorschläge ihrer vielen Freier an, nachts aber löst sie das Gewebe auf und schafft sich Zeit, auf die Rückkehr des Odysseus zu warten.

Das Bild der tagsüber webenden Penelope, die sich die bedrängenden Werbungen ihrer Freier anhören muß und die nachts das Gewirk des Tages auflöst, um sich Zeit zu verschaffen, ist gültig für jede Frau, die die verführerischen Stimmen der kollektiven Meinung hört und ihr Leben entsprechend plant und die doch jede Nacht in der Einsamkeit ihres Herzens das falsche Gewebe aufribbelt, weil sie zutiefst weiß, daß nicht Planen, sondern Warten ihr die Zukunft näherbringt.

Eine Frau führte ein langes Gespräch mit Jung über viele Dinge, und am Ende fragte sie ihn: »Was mache ich nun damit?« – »Warten Sie«, antwortete er, »und was zu tun ist, wird zu Ihnen kommen.« Und in ein paar Jahren geschah das.

An anderer Stelle habe ich weibliche Spiritualität mit dem heiligen Öl verglichen, das die weisen Jungfrauen in ihren Lampen für die Ankunft des Bräutigams bereithalten.

Das kommt dem Warten der Seele auf die Ankunft des Todes nahe, ein ganzes Leben lang, denn die Seele gehört zum Leben und zum Tod. Ich spreche jetzt von der Seele selbst, nicht mehr von ihrem Bild. Unsere Person fürchtet sich vor dem Sterben, unsere Instinkte hängen am Leben, dem Geist graust es vor dem völlig Unbekannten, und unsere Herzen zittern nicht ohne Grund, denn es könnte für uns zu Ende gehen, ehe wir noch die uns vorbestimmten Aufgaben erfüllt haben, die nur zu erraten sind.

Menschen, die ihr Leben ausgeschöpft haben, ängstigen sich weniger vor dem Sterben. Vielleicht lassen sie weniger Aufgaben ungetan zurück. Die weibliche Seele in Mann und Frau aber wartet ständig, furchtlos und geduldig, auf die Ankunft des Todes, des letzten Liebhabers, der sie zu einer neuen Entfaltung führen wird. Mir ist bewußt, daß ich die Grenzen des Beweisbaren überschreite. Ich will auch nichts beweisen, ich teile mit, was meine eigene geringe Erfahrung mich gelehrt hat, und ich habe keinen Einfluß darauf, ob das bei meinen Lesern verwandte Saiten anrührt.

Die Vorstellung, daß die Seele menschlich werde, verbirgt sich in der aktiven Imagination einer jungen, freiberuflich tätigen Frau, Jane, die in die Analyse kam, weil sie sich ausgetrocknet und wie tot fühlte. Als sie lernte, ihre Phantasien zuzulassen, gewann sie ihr Gleichgewicht zurück, befreite sich aus den sterilen Beziehungen, in die sie verstrickt war, und verliebte sich in den Mann, den sie wenig später heiratete.

Und dies ist Janes Imagination: Sie geht in einen Traum zurück und betritt einen dunklen Raum in einem von einem Graben umgebenen Landhaus. Draußen ist kalter Mondschein, und ein paar Männer suchen nach ihr. Das einzige Licht in dem Raum ist ein großes Feuer, neben dem eine alte Frau und ein kleines Mädchen sitzen. Die Alte sagt zu Jane: »Mach dir keine Gedanken über die Männer, die dich suchen, hier bist du sicher. Sie können trotz des Mondlichts nicht sehen, und sie werden in den Graben fallen und ihre Dunkelheit mit sich nehmen. Komm her zu mir und spiel mit mir Mühle. Du nimmst die weißen Steine, und ich nehme die schwarzen.« Sie spielen, und die alte Frau legt es darauf an, daß Jane gewinnt; es ist, als ob sie die weißen Steine und ihre eigenen spielt, obwohl Jane die Züge ausführt.

Während des Spiels bemerkt Jane, daß das Mädchen am Feuer wächst. Ihr Haar ist lang und naß, so als ob sie aus dem Wasser käme. Plötzlich springen drei silberne Fische aus ihrem Mund in das Feuer, sie schwimmen herum und nehmen eine rosiggoldene Farbe an. Das Mädchen streckt die Hand nach ihnen aus, nimmt sie aus dem Feuer und schluckt sie wieder. Und während sie durch ihre Kehle hinabschwimmen, wird ihr weißer Hals rosig.

»Sorge dich nicht um sie«, sagt die alte Frau, »sie wird erwachsen, und sie muß Teile von sich draußen wärmen. Sie bleiben warm, wenn sie wieder in ihr drin sind.« Während die Alte spricht, steht das Mädchen auf und geht im Raum umher, und die drei Fische in ihr verbreiten ein seltsames Licht, und Jane sieht, daß die Wände mit schönen alten Bildern, Teppichen und Metallgravierungen bedeckt sind. Das Mädchen geht in den Garten hinaus, und wo sie geht, sind Rasen und Blumen beleuchtet, das Mondlicht verblaßt. Schließlich taucht sie in den Graben.

Janes Imagination enthält viele bedeutungsvolle Elemente; einige wenige möchte ich für unseren Zusammenhang herausstellen. In dem Landhaus, vermutlich einem Symbol für das Selbst, findet sich eine weise alte Frau, kein weiser alter Mann. Das Mühlespiel zwischen der Alten und Jane stellt die gute Beziehung zwischen dem Selbst und dem Ich dar, das Selbst legt es darauf an, das Ich gewinnen zu lassen, freilich nach den Weisungen des Selbst. Wir brauchen ein starkes Ich, und für Jane war es zu dieser Zeit ihres Lebens wesentlich, sich aus der Welt des Animus zu befreien, im Bild also den Männern, die nach ihr suchen, zu entkommen und für sich selbst zu urteilen und zu entscheiden. Sie hat darin die Unterstützung der alten Frau. Zugleich findet Jane neben der alten Frau ihr Seelenbild, das sichtbar wächst.

Lange beschäftigten mich die drei silbernen Fische; sie stehen heute für mich für die spirituellen Qualitäten der Seele, die im Feuer des Gefühls und der Leidenschaften warm und golden werden und von innen her leuchten. Der kalte, unpersönliche

Mondschein verschwindet, nachdem die Fische im Feuer der Leidenschaften warm geworden sind.

Vielleicht erhellt das Mädchen durch sein Eintauchen in den Graben auch die Dunkelheit der Animusgestalten, vielleicht gibt es gar ein gemeinsames Auftauchen unter besseren Bedingungen, das aber ist eine reine Vermutung.

Die Verwandlung der Fische und das Wachsen des Kindes legen nahe, daß die angeborenen seelischen Qualitäten ein Menschlichwerden und Aufwachsen brauchen, vielleicht auch ein Bewußtwerden. Betonen möchte ich, daß die Silberfische dem weiblichen Seelenbild entstammen und nicht von außen zugeführt werden.

Abschließend beschreibe ich einen eigenen Traum: Ich gehe Arm in Arm mit Barbara Hannah. (In meinen Augen ist Frau Hannah von allen Jungianern am weitesten in die weibliche Psychologie vorgedrungen, besonders in ihrer Vorlesung ›Die geheimen Pläne der Frauen‹ und in ihrer Studie über die Brontë-Schwestern und weibliche Kreativität.) Wir gehen an einem Hang entlang und kommen an eine Treppe, die in die Tiefe der Erde hineinführt. Wir gehen zusammen die Treppe hinunter und erreichen eine lange Galerie mit Betten, wie eine Krankenhausstation. Im Boden entdecken wir eine Falltür, die heben wir auf, und zum Vorschein kommt eine grobe, steinerne Treppe, die weiter hinabführt. Diese Treppe gehe ich allein hinunter. Sie endet in einer Strickleiter, die über einem Meer hängt, in dem seltsame Reptilien und Ungeheuer schwimmen, und unter ihnen befindet sich eine Frau mit langen, offenen Haaren, die offensichtlich in großer Gefahr ist. Ich wage nicht, allein zu ihr hinauszuschwimmen. Zwei Männer kommen mir zu Hilfe, mein früherer Analytiker, mit dem ich noch in Verbindung stehe, und ein Mann, der in meinem jetzigen Leben wichtig ist. Sie sichern mich mit zwei Seilen, die sie mir um die Taille binden, jeder hält seines, und so schwimme ich zu der Frau hinaus, und die Männer ziehen uns beide in Sicherheit zurück.

Die Frau ist zu erschöpft und zu verwirrt, um selbst zu gehen, und so schleppen wir drei sie in die Krankenstation und wollen sie gerade auf eines der Betten legen, als eine mächtige Stimme ruft: »Es ist sinnlos, sie hier zu lassen, sie muß in die Sonne gebracht werden!«

Mit Hilfe anderer Leute bringen wir sie auch die letzte Treppe hinauf. Die Sonne scheint strahlend, und wir legen sie auf das Gras.

Dieser Traum hat mich alarmiert. Er sagt mir, daß das weibliche Seelenbild einer Frau in Not und Gefahr ist, solange es im Unbewußten bleibt, und daß es deshalb dringend ins Bewußtsein gebracht werden muß.

Der Krankensaal ist wohl die Ebene des Unbewußten, auf der Heilung bei der Analyse stattfindet. Es genügt aber offenbar nicht, die gerettete Frau in die Sphäre der Analyse zu bringen, sie muß in das alltägliche Bewußtsein geholt werden.

Die Rolle der beiden Männer in dem Traum ist von überragender Bedeutung. Als innere Animusgestalten haben sie die Macht zu fokussieren, bewußt zu machen und dem Erlebten Bedeutung zu verleihen. Zu beiden Männern stehe ich aber auch in der Realität in enger Beziehung, und nur mit dieser doppelten Bindung an die Wirklichkeit, persönlich und analytisch, konnte ich es wagen, so weit in meine eigene Tiefe hinauszuschwimmen.

Ich habe in diesem Kapitel versucht, notwendigerweise unvollständig, diese bedrängte weibliche Gestalt, die ich für das Seelenbild der Frau halte, ans Tageslicht zu bringen, damit sie endlich Anerkennung findet.

Petra Ecker
Staudingergasse 9/2/16
A-1200 Wien
Tel.: **0 22 2 / 35 17 373**

Namenregister

Adam 77ff., 83
Amnesty International 32

BBC 154
Beauvoir, Simone de 44, 85
Buner 106

Canterbury, Erzbischof von 51
China 15, 29, 115

Dalai Lama 115f., 121
David 39
Desdemona 112
Dostojewski, Feodor M. 14

Eliot, T. S. 104
England 143
Eva 77ff., 83

Fordham, Michael 103
Forster, E. M. 145
Franziskus 45
Freud, Sigmund 31, 77
Frey, Christopher 100
Frey, Elizabeth 56

Gandhi 45
Giner de los Rios, Francisco 129
Gogh, Vincent van 26
Goliath 39

Hannah, Barbara 67, 152, 162
Hitler, Adolf 32
Huxley, Aldous 99

Isolde 100

Jesus Christus 26, 34, 45, 70, 101, 138
Johanna von Orléans 45, 56
Jung, Carl Gustav 7, 30f., 34, 42, 48f., 53, 61, 94, 113, 123, 153f., 160
Jung, Emma 152, 158f.

Kerényi, Karl 77
Kontiki-Expedition 124

Metman, Eva 152
Metman, Philip 152
Minotaurus 39

Neumann, Erich 19, 52f., 153
Nicoll, Maurice 23, 70
Nightingale, Florence 45, 56

Othello 112

Paulus 148
Penelope 158
Prometheus 39

Rußland 15

Sackville-West, Victoria 145
Scott, R. D. 149, 153
Spanien 44, 143

Teresa von Avila 45
Theseus 39
Thomas (Apostel) 30
Tibet 115
›The Times‹ 115
Tristan 100

UdSSR 29
Unamuno, Miguel de 142

Victoria I. 51

Whetnall 21
White, Victor 153
Wolff, Toni 53ff.

VERENA KAST

Märchen psychologisch gedeutet

Beiträge zur Jungschen Psychologie

Mann und Frau im Märchen
124 Seiten, engl. Broschur

Familienkonflikte im Märchen
131 Seiten, engl. Broschur

Wege zur Autonomie
159 Seiten, engl. Broschur

Märchen als Therapie
210 Seiten, engl. Broschur

Liebe im Märchen
126 Seiten, engl. Broschur

«... für alle, die Freude am Märchen und Märchenbildern haben und sich neu von dieser Bilderwelt ergreifen lassen wollen und erfahren möchten, was sie auch gerade heute noch und wieder uns zu sagen haben.»

Deutsches Ärzteblatt, Köln

WALTER-VERLAG

Frauensachen

Bettina Böhm:
Stumme Fluchten
Eine Inzestgeschichte
dtv 30368

Frauen berichten vom
Kinderkriegen
Hrsg. v. Doris Reim
dtv 10242

Gabriele M.
Grafenhorst:
Abtreibung
Erfahrungsberichte
zu einem Tabu
dtv 30300

Mary Kingsley:
Die grünen Mauern
meiner Flüsse
Aufzeichnungen aus
Westafrika
dtv 30315

Christian Graf von
Krockow:
Die Stunde der Frauen
Bericht aus Pommern
1944 – 1947
dtv 30014

Lesebuch für Rabenmütter
Von den Schwierigkeiten, eine gute
Mutter zu sein
Hrsg. v. Sophie v.
Lenthe
dtv 30348

Naila Minai:
Schwestern unterm
Halbmond
Muslimische Frauen
zwischen Tradition
und Emanzipation
dtv 11098

Paul Noack:
Olympe de Gouges
1748 – 1793
Kurtisane und
Kämpferin für
die Rechte der Frau
dtv 30319

Régine Pernoud:
Königin der
Troubadoure
Eleonore von
Aquitanien
dtv 30042

Christine de Pizan
Das Leben einer
außergewöhnlichen
Frau im Mittelalter
dtv 11192

Herrscherin
in bewegter Zeit
Blanca von Kastilien,
Königin
von Frankreich
dtv 30359

Giovanni Pettinato:
Semiramis
Herrin über Assur
und Babylon
dtv 11402

Christa Rotzoll:
Frauen und Zeiten
Porträts
dtv 11352

Helga Schubert:
Judasfrauen
Zehn Fallgeschichten
weiblicher Denunziation im Dritten Reich
dtv 11523

Eva Weissweiler:
Clara Schumann
Eine Biographie
dtv 30344

Nov. 93

Das Buch

Unbeirrt vom Drängen ihrer Freier webt Penelope tagsüber ein Gewand, das sie nachts immer wieder auftrennt, um sich Zeit zu verschaffen und die Rückkehr ihres Gatten Odysseus abzuwarten. In dieser selbstbewußten Wahl eigener Mittel sieht die Jungsche Analytikerin Irene Claremont de Castillejo eine für jede Frau gültige Form der Begegnung mit der Außenwelt. Seit Frauen einen immer aktiveren Part in der Männerwelt übernehmen, sind sie nach Ansicht der Autorin dazu aufgerufen, sich dort nicht nur ihrer männlichen Seite, ihrem Animus, zu verschreiben, sondern auch ihre weibliche Seite nicht aus den Augen zu verlieren und sie zu kultivieren; sonst droht ein Ungleichgewicht zwischen den Geschlechtern, das beide Seiten verunsichert. Wie also kann eine Frau ihre männliche Seite leben, ohne ihr weibliches Selbst zu vernachlässigen? Diese Kernfrage beantwortet die Autorin mit einer intelligenten und sensiblen Zusammenschau der Elemente des Weiblichen, in der sie sich mit den seelischen Strukturen der Frau ebenso befaßt wie mit ihrem Bewußtsein, ihrem Fühlen und Denken. Aus der Sicht ihrer eigenen Erfahrungen als Analytikerin beschreibt sie einen Prozeß weiblicher Identitätsfindung, der jenseits der »verführerischen Stimmen der kollektiven Meinung« liegt und der, wie im Bild der tagsüber webenden Penelope ausgedrückt, für jede Frau Gültigkeit besitzt, die »ihr Leben entsprechend plant und die doch jede Nacht in der Einsamkeit ihres Herzens das falsche Gewebe aufribbelt«, weil in der Besinnung auf die eigenen Möglichkeiten und Kräfte der einzig richtige Weg liegt.

Die Autorin

Irene Claremont de Castillejo, 1896 geboren, studierte Geschichte und erlebte in England die Anfänge der Frauenbewegung. Mit einem Pädagogen verheiratet, lebte die Mutter von vier Kindern viele Jahre in Spanien. 1936 emigrierte sie nach Frankreich, später nach England. Von 1945 an arbeitete sie als Jungsche Analytikerin in London.

Fr. Whetnall → Buch über taube Kinder
Hörtests bei Kindern → hängen mehr von der
   Art d. Geräusches als von d. Lautstärke ab.